LA MANUFACTURE DE JOUY

ET LA

TOILE IMPRIMÉE AU XVIIIᵉ SIÈCLE

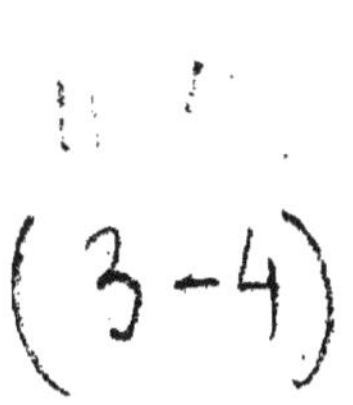

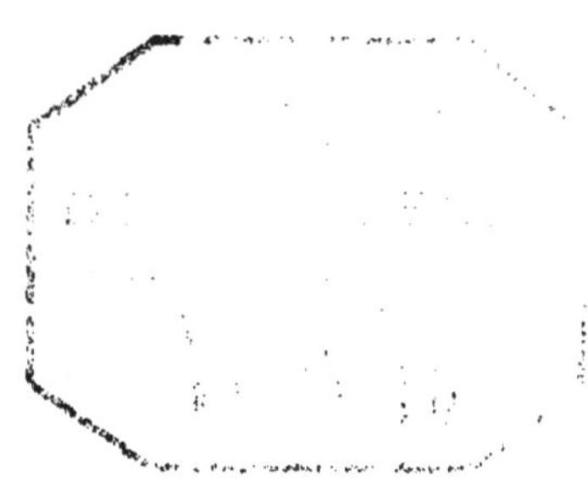

ARCHITECTURE ET ARTS DÉCORATIFS

Collection publiée sous la direction de M. Louis HAUTECŒUR

LA
MANUFACTURE
DE JOUY

ET LA

TOILE IMPRIMÉE AU XVIIIe SIÈCLE

PAR

Henri CLOUZOT

CONSERVATEUR DU MUSÉE GALLIERA

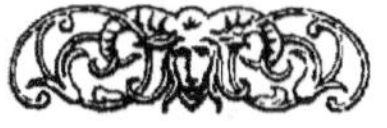

PARIS ET BRUXELLES

G. VAN OEST, ÉDITEUR

—

1926

LA MANUFACTURE DE JOUY

ET LA

TOILE IMPRIMÉE AU XVIIIe SIÈCLE

I

La toile imprimée ou indienne, destinée au vêtement aussi bien qu'au meuble, ne remonte pas au delà du XVIIe siècle. Elle n'a rien de commun avec les tissus du moyen âge, agrémentés d'ornements ou de sujets à l'aide d'une planche de bois gravé, et qui furent réservés au mobilier liturgique ou à des usages décoratifs. Les xylographes qui les imprimaient, vraisemblablement à un petit nombre d'exemplaires et comme ils auraient fait d'une feuille de papier, ignoraient les procédés de teinture qui sont la base même de l'indiennage. Ils n'en faisaient — et ne pouvaient en faire — un produit de consommation courante.

Avec plus de raison pourrait-on trouver certaines analogies entre la technique de la toile imprimée et les procédés de teinture « à la réserve » décrits par Pline et répandus en Egypte et en Asie-Mineure depuis une haute antiquité. Mais entre les tissus exhumés des tombes d'Antinoë et les premiers essais des artisans français au XVIIe siècle, il serait déraisonnable de chercher le moindre lien, la moindre tradition. C'est l'Orient et l'Extrême-Orient qui ont été, au XVIIe siècle, comme à toutes les périodes de notre art industriel, nos maîtres dans le nouvel art d'ornementer les textiles par le dessin et la couleur appliqués.

Les récits des voyageurs, depuis le XVe siècle, avaient fait aux toiles peintes aux Indes et en Perse une renommée légendaire. Sans doute avaient-ils rapporté dans leur bagage quelques échantillons de ces *pintados* et de ces *chints* aux couleurs éblouissantes. Mais c'est seulement au XVIIe siècle, quand les grandes Compagnies des Indes en eurent fait un de leurs principaux articles d'importation, que le goût des toiles peintes s'est répandu dans la bonne société. Il est difficile d'évaluer la quantité de toiles de l'Inde qui s'écoule en Europe pendant un siècle de 1640 à 1740. Les dames en font des jupes, des corsages, des tabliers ; les hommes des gilets, des pourpoints, des robes de chambre. On les débite à la foire Saint-Germain. Molière en habille son *Bourgeois gentilhomme.* Dans les maisons des champs, elles revêtent les murs, elles garnissent les lits, elles recouvrent les sièges, comme au Château Borély, à Marseille.

Un tel engouement tient à autre chose qu'à la mode. Réellement aucun tissu européen ne peut remplacer les chints de l'Inde. Seules les étoffes de soie pourraient lutter d'éclat avec leur admirable coloration. Mais elles sont plus chères et on ne peut les mettre à la lessive. Cependant cette mode aurait passé, comme tant d'autres caprices vestimentaires, si le Pouvoir, harcelé par les plaintes des manufacturiers de drap et de soie, piliers de l'édifice économique du royaume, n'avait décidé d'en interdire la vente. Fruit défendu, les toiles résistèrent à des centaines d'arrêts, d'édits, d'ordonnances et, fait plus singulier encore, à la facilité que les femmes trouvèrent à satisfaire leur passion, après la levée des prohibitions.

Qu'était-ce donc que ces toiles peintes, dont la vogue devait être la source de l'industrie cotonnière moderne, sans parler de l'application des procédés de teinture et d'impression aux tissus de soie naturelle et artificielle ?

De temps immémorial, on fabriquait dans l'Inde et dans la Perse de grands voiles décorés presque invariablement d'un arbre aux ramures étalées et chargées de feuillages, de fleurs et de fruits. Une bordure, également d'inspiration florale, encadrait le panneau. On y trouvait parfois des animaux affrontés à la manière persane, quadrupèdes ou oiseaux. Jamais de figure humaine, sauf dans les modèles commandés par les voyageurs européens, aisément reconnaissables à leur mélange d'éléments décoratifs occidentaux et d'éléments traditionnels indigènes. Le tissu entier était teint en couleurs éclatantes, d'une vivacité qui résistait aux influences atmosphériques et au lavage.

Jusqu'au début du XVIIIe siècle, le secret de cette fabrication fut bien gardé. Les Compagnies des Indes (anglaises, françaises ou hollandaises) entreposaient dans leurs comptoirs la production indigène pour en faire de copieux chargements. Elles avaient même des ateliers à leur compte pour exécuter les commandes européennes. Vers 1740, seulement, grâce aux relations des Jésuites et des capitaines de navires, on arriva à se faire une idée des procédés longs et minutieux, mais singulièrement ingénieux, des peintres-teinturiers indo-persans. Voici ce qu'on peut retenir de la technique :

I. — La toile est trempée dans une décoction de cadou et de lait de buffle qui lui donne une teinte jaune foncé, et le dessin est poncé au charbon.

II. — Les traits qui doivent rester noirs sont tracés au pinceau à l'aide d'une solution d'acétate de fer.

III. — Les parties destinées à rester rouges sont pinceautées avec un mordant d'alun incorporé dans une décoction de safran, puis la toile est trempée dans un bain de teinture fait à l'aide d'une plante appelée « chai », analogue à la garance.

IV. — Le rose et le violet (composé de rouge additionné de noir) sont successivement appliqués au pinceau et la toile est passée chaque fois à la teinture de chai.

V. — Toutes les parties déjà peintes sont recouvertes d'une couche de cire, formant réserve, avant le bain d'indigo.

VI. — La toile est teinte en bleu dans un bain d'indigo et débarrassée de la cire à l'eau bouillante.

VII. — On applique au pinceau le jaune, tiré du cadou, qui, superposé au bleu, fournit le vert.

Ce schéma, qui ne peut donner une idée des lavages innombrables, des opérations minutieuses, des lenteurs incroyables de la fabrication, suffit à montrer que l'indiennage n'était pas seulement l'art de peindre sur un tissu des couleurs chatoyantes, mais de les fixer à l'aide de teintures et de mordants.

C'est ce qui fait que les nombreuses tentatives d'imitation par les artisans européens, au xviie siècle et au début du xviiie (que nous ne connaissons d'ailleurs que par les condamnations encourues par leurs auteurs et par quelques échantillons informes), ne sont pas, à proprement parler, de notre ressort.

Notre champ d'étude commence aux environs de 1740, une vingtaine d'années avant la proclamation en France de la liberté de fabrication des toiles peintes.

II

Si l'indiennage proprement dit n'était pas pratiqué en Europe avant le début du xviiie siècle, l'impression des toiles à *la réserve*, c'est-à-dire en réservant des motifs imprimés ou peints à la cire avant la teinture, était pratiquée depuis vingt ou trente ans, clandestinement en France, ouvertement en Angleterre, en Hollande et en Suisse. C'est de ces pays que vinrent chez nous les premiers techniciens quand la liberté de fabrication fut proclamée (1759). Mais avant la levée définitive des mesures de prohibition, le gouvernement s'était déjà relâché de sa rigueur.

Dès 1745, J.-R. Wetter avait ouvert un atelier à Marseille, port franc, où il occupait plusieurs centaines d'ouvriers. Lescouvet imprimait à la réserve à Beauvais. Les frères Danton avaient ouvert une manufacture à Angers en 1753, L. Langevin à Nantes en 1758, Abraham Frey à Rouen. D'autres ateliers fonctionnaient en Lorraine, en Barrois, dans la cité de Montélimart, dans le Comté-Venaissin, terre papale, à Mulhouse, où Koechlin, Schmalzer et Dollfus avaient fondé en 1746 la célèbre manufacture dite de « la Cour de Lorraine », à Paris même, dans les enclos privilégiés du Temple et de l'Arsenal. C'est dans ce dernier atelier, dirigé depuis 1754 par Cottin et Cabanes et où l'on travaillait en faux teint (c'est-à-dire avec des couleurs non mordancées), que s'engagea comme coloriste, à son arrivée en France, Christophe-Philippe Oberkampf, le plus illustre indienneur français

Il appartenait à une famille où l'on pratiquait de père en fils l'art de la teinture. Son père, Philippe-Jacob Oberkampf, établi à Wiesenbach, dans le marquisat d'Anspach, lors de sa naissance, le 11 juin 1738, l'emmena avec lui dans toutes les étapes de sa carrière nomade : à Klosterheilbronn en 1744, à Bâle en 1749, à Loerrach en 1752, à Lenzbourg en 1753.

En 1755, Oberkampf avait terminé son apprentissage. L'indiennage, tel qu'on le pratiquait de son temps n'avait plus de secrets pour lui. Il entra comme graveur à Mulhouse, à la manufacture de la Cour de Lorraine, où les associés ne surent pas le retenir, puis comme coloriste à Paris, à la manufacture de l'Arsenal. Il y fabriquait d'excellentes indiennes en *bon teint*, lorsque Tavannes, le Suisse du Contrôleur général des Finances à Versailles, ayant eu vent, dans les bureaux, de la prochaine signature de l'édit de libre fabrication, se hâta de fonder un établissement pour prendre l'avance sur ses concurrents. Dans ce modeste atelier, installé rue de Seine-Saint-Marcel, entra comme graveur Frédéric Oberkampf, venu tout exprès à Paris retrouver son frère, et bientôt Tavannes en offrit à Christophe-Philippe l'entière direction. Le jeune industriel accepta à condition de pouvoir transporter la manufacture hors Paris, dans un emplacement plus favorable. Son choix s'arrêta sur Jouy-en-Josas, près de Versailles, au bord de la Bièvre, dont les eaux passaient, plus à tort qu'à raison, pour posséder des qualités indispensables à la teinture.

Dans cette vallée boisée, au milieu de collines qui lui rappelaient l'Argovie, le jeune Bavarois loua près du pont de pierre une maisonnette et quelques perches de prairies pour l'étendage des toiles. La cabane était si petite qu'elle ne put contenir la chaudière et qu'Oberkampf établit sa couchette sur une table à imprimer. Mais le 1er mars 1760, il put livrer sa première pièce de toile : il en avait été à la fois le dessinateur, le graveur, l'imprimeur et le teinturier.

Les débuts furent difficiles. Tavannes n'avait guère d'argent et son associé encore moins. Un sieur Levasseur, intéressé à la Société et chargé de la vente à Paris, souleva tant de difficultés et abusa à tel point de la confiance des fondateurs de l'entreprise qu'Oberkampf, à la fin de 1763, tomba malade et se retira en Suisse, chez son père, décidé à abandonner l'affaire. Par bonheur, un ancien lieutenant des Eaux et Forêts à Grenoble, J.-A. Sarrazin-Desmaraise, qui avait lui aussi des intérêts dans la Société, réussit à écarter ou à désintéresser Levasseur et autres participants. Une nouvelle association fut fondée sous la raison sociale « Sarrazin-Demaraise, Oberkampf et Cie ». Le temps d'épreuve était fini.

Maintenant qu'il ne reste plus une seule pierre des bâtiments de la manufacture et que la belle demeure d'Oberkampf, le Montcel, vient d'être vendue par ses descendants, il n'est pas inutile de préciser, aussi brièvement que possible, les phases de l'histoire de la plus célèbre manufacture de toiles imprimées en France.

La première période de 1760 à 1790 se passe toute entière sous l'ancien régime. Nous l'appellerons « l'ère royale », pour la distinguer de la période suivante qui embrasse le Directoire, le Consulat et l'Empire.

Le 7 novembre 1764 on posa la première pierre de bâtiments neufs. On ouvrit en 1767 à l'hôtel Jabach, rue Neuve-Saint-Méry, une maison de vente dont Demaraise eut la direction. En 1770, Oberkampf put acheter sur ses bénéfices une ancienne manufacture à Corbeil pour y établir son frère Frédéric. Avant de quitter Jouy-en-Josas ce dernier y mit en marche la première presse à imprimer à la planche de cuivre : douze ans plus tard, la manufacture possédait près d'une centaine de dessins gravés.

Au mois de septembre 1770, les frères Oberkampf, ayant accompli leurs dix années de résidence en France, obtinrent des lettres de naturalité. Christophe-Philippe épousa, le 6 juillet 1774, à la chapelle de l'Ambassade de Suède, comme alors tout protestant, Marie-Louise Pétineau, fille d'un négociant d'Orléans. Le 19 juin 1783, des lettres patentes conférèrent à Jouy le titre de manufacture royale et, en mars 1787, Oberkampf reçut des lettres de noblesse. D'Hozier composa son blason : « D'azur à la colonne d'argent, surmontée d'un coq de même, au chef cousu de gueule, chargé de trois annelets d'or, avec la devise : *recte et vigilanter* ».

Les bénéfices, qui ne dépassaient pas au début 10.000 livres, s'élevèrent promptement à 100.000 livres, et plusieurs inventaires, entre 1779 et 1789 se chiffrèrent par 500.000 et même 600.000 francs de bénéfice. Oberkampf, qui était devenu veuf en 1782 et venait de se remarier avec la fille d'un négociant de Caen, Anne Massieu (1785), résolut de rester seul propriétaire de

l'entreprise. Il fixa à son associé la date du 31 décembre 1789
pour la fin de leur société et le partage de l'avoir social. Demaraise eut pour sa part près de quatre millions et demi de livres.
C'était un bénéfice raisonnable pour les 50 ou 60.000 livres
qu'il avait apportées en 1763.

Une si belle réussite — est-il besoin de le faire remarquer ? —
tenait surtout aux capacités professionnelles du maître de
Jouy. C'est à ses qualités d'énergie et de force morale, à la
simplicité de ses mœurs, qui en faisaient une sorte de bonhomme
Richard et lui donnaient un ascendant incroyable sur ses ouvriers,
que cette toute première entreprise de grande industrie et de
travail en série dut son succès. Oberkampf avait eu un trait de
génie en s'établissant aux portes de Versailles, à quelques lieues
de Paris. Toute la belle société vint visiter la manufacture. Son
peuple d'ouvriers et d'ouvrières, subdivisant la tâche à l'infini
et travaillant pour ainsi dire dans la main l'un de l'autre, ses
chefs, ses sous-chefs, son directeur étranger et d'une simplicité
à la Jean-Jacques, tout piqua la curiosité au même titre que
la grandeur inusitée des bâtiments et l'ingéniosité des machines.
Les femmes s'extasièrent sur cette jolie industrie. En décou-
vrant sur leur route les prairies de Jouy, diaprées, par les pièces
à l'étendage de couleurs aussi vives que les champs de tulipes en
Hollande, elles firent arrêter leur carrosse pour se choisir une
parure nouvelle.

Mais ce qui donna à cette vogue un succès durable, ce fut la
qualité exceptionnelle de la fabrication. Oberkampf se refusa
constamment à faire usage des couleurs petit teint. Il perdait
ainsi la ressource de nuances éclatantes et variées. Mais les
mots *bon teint*, imprimés « au chef » de chacune de ses pièces,
étaient une vérité tellement confirmée par l'expérience qu'elle
était devenue proverbiale dans le commerce. Voici par quelles

chases passait la fabrication, telles que nous les montre la pélèbre planche des *Travaux de la Manufacture*, dessinée par Huet en 1783.

La pièce de toile, soigneusement trempée, était placée sur un radeau flottant ou « pont » où les ouvriers la battaient au fléau pour la faire dégorger. On la passait au cylindre ou à la calandre pour en écraser le grain et on la portait à l'imprimerie. Là, dans une salle largement éclairée, l'ouvrier l'étendait sur une table recouverte de drap et y appliquait à la main un bois gravé ou « bloc », chargé de couleur, avec le mordant requis. Un coup de maillet faisait pénétrer la couleur dans le tissu et l'ouvrier rechargeait le bloc sur un tamis que l'apprenti ou « tireur » garnissait en puisant dans le baquet à couleur. On reporterait ensuite le dessin plus loin sur la toile et on continuait jusqu'à ce que toute la pièce fut imprimée.

Quand on voulait produire un modèle en plusieurs tons, on imprimait le contour du dessin à l'aide d'un premier bois appelé « moule » et on livrait la pièce aux « rentreurs », imprimeurs secondaires qui superposaient de nouveaux bois « rentrant » dans le premier dessin et donnant chacun une couleur différente. Le repérage se faisait au moyen de pointes de laiton, fixées aux quatre angles des blocs de rentrure. Il y avait des indiennes à une, deux, trois, quatre « mains », selon que l'étoffe passait entre les mains de l'ouvrier une, deux, trois ou quatre fois.

La toile, imprimée et séchée, était trempée dans l'eau courante pour lui enlever l'âcreté des sels des mordants. Puis on la battait au foulon, on la tordait et on l'enroulait sur un tourniquet pour la soumettre au « garançage », c'est-à-dire à un bain de teinture de garance où les nuances s'avivaient et se fixaient définitivement. Il ne restait plus qu'à soumettre la toile à un nouveau trempage de vingt-quatre heures, suivi d'un étendage sur le pré, où on la fixait à l'aide de petits piquets aux angles et sur les lisières et où on l'arrosait avec une écope pour empêcher un séchage trop rapide. On la retirait enfin quand elle commençait à blanchir et on achevait le travail par une ébullition dans un bain de bouse de vache pour la décrasser et aviver les couleurs.

Comme on ne connaissait à l'origine de mordants que pour le noir, le rouge, le rose, le puce et le violet, la pièce passait à l'atelier des « pinceauteuses », quand on voulait lui donner plus de nuances. A l'aide de fins pinceaux en cheveux, ces habiles ouvrières, groupées autour d'une table sous la direction de la « maîtresse de table », appliquaient les couleurs qui faute de mordants ne pouvaient résister aux opérations de l'indiennage, notamment le bleu indigo et le jaune rouille dont la combinaison donnait le vert (le vert d'une seule application ne fut découvert qu'en 1810).

Quelques opérations secondaires achevaient de mettre la pièce en état d'être livrée à la vente. On donnait du lustre à l'étoffe à l'aide d'un galet d'agate promené sur la toile empesée de cire et d'amidon. Une presse réduisait le volume des plis pour l'emballage.

Quant aux grandes planches de cuivre, elles s'imprimaient en un seul ton, rouge, bleu, violet ou bistre, à l'aide d'une presse en taille douce fonctionnant à bras. Les planches, qui mesuraient à l'origine 1.22×0.70, étaient placées sur un chariot qu'un mouvement de va-et-vient amenait sous un rouleau presseur. La pièce de toile, après impression, passait sur un râtelier fixé au plafond et venait tomber dans un panier, auprès d'un poële qui séchait à la fois la couleur et le tissu.

Remarque piquante : cette manufacture de Jouy, dont les

créations personnifient à nos yeux ce que le goût français a
produit de plus délicat au xviiie siècle, était presque entièrement composée d'étrangers. Son directeur parlait à peine français. Dessinateurs, coloristes, imprimeurs, étaient allemands
ou suisses. Mais tous ces étrangers, qui arrivaient à Paris pour se
livrer aux arts mécaniques, s'assimilaient si bien notre génie
qu'ils prenaient le pas sur nos nationaux dans l'indiennage comme
dans l'ébénisterie ou le bronze. Oberkampf appartient à l'art
français au même titre que Riésener ou Beneman, et la fortune,
qui lui voulait du bien, lui fit rencontrer J.-B. Huet, qu'il sut
s'attacher et qu'il conserva jusqu'à sa mort.

III

Lorsque le charmant décorateur entra en relations avec Oberkampf, il était dans toute la force de l'âge et du talent. Le premier dessin qu'il fit pour Jouy, les *Travaux de la manufacture*
(1783), est un petit chef-d'œuvre, où il a représenté en groupes
pittoresques et lestement campés, non-seulement les phases de
la fabrication, mais le village de Jouy avec sa vieille église, les
bâtiments de la manufacture, le Montcel, et Oberkampf lui-
même, détachant sa silhouette sur le paysage fermé par l'aque-
duc de Bièvre. Ses autres dessins, presque tous conservés au
musée de l'Union centrale des Arts décoratifs, ne sont pas moins
attrayants. On en compte plus d'une douzaine qui se rangent
entre 1783 et 1789.

Tous ces cartons ont un air de famille qui les ferait reconnaître
entre mille. Huet avait adopté deux dispositions pour son décor.
Tantôt il semait ses scènes sur la toile, sans autre lien que des
croquis plus petits pour garnir les blancs, tantôt au contraire
il les reliait par des montants d'ornements, agrémentés de rin-

ceaux et l'arabesques dans le goût de Salembier ou de Van Spaendonck. *L'Escarpolette*, *les Occupations villageoises*, *l'Aérostat dans le parc du château*, *l'Education maternelle*, *le Couronnement de la Rosière* se rapportent à cette dernière manière ; *les Délices des quatre saisons*, *l'Hommage de l'Amérique à la France*, *les Plaisirs de la ferme*, *Au loup !*, *les Quatre parties du monde*, *la Chasse au cerf*, *le Sacrifice à l'amour*, *la Fédération*, *Louis XVI restaurateur de la Liberté*, rentrent dans la première.

Dans un genre, comme dans l'autre, la même grâce, le même naturel animent la composition On ne saurait trop le dire : jamais Huet ne s'est montré animalier plus spirituel. Si ses figures galantes ne font pas oublier celles de Boucher et de quelques autres, ses poules, ses lapins et ses coqs, ses canards et ses colombes, ses chiens, ses renards et ses loups, ses chèvres, ses moutons et ses vaches, ne souffrent aucune comparaison. Certaines silhouettes de bêtes sont même une véritable signature, qu'il sème jusque dans ses compositions mythologiques. Tels son petit canard huppé battant des ailes et son chien à longs poils, de race incertaine, s'élançant pour japper sur ses pattes de derrière.

Ces grands dessins, destinés au meuble, étaient loin cependant de jouer le premier rôle dans la fabrication de Jouy. C'est une légende qu'il faut détruire. Les planches de Huet ont puissamment contribué à la renommée d'Oberkampf, comme toute réclame bien comprise. Elles n'ont jamais compté que pour un faible appoint dans la production générale. C'étaient les indiennes pour vêtements qui formaient à Jouy, comme dans les autres manufactures, le gros de la vente. C'est à leur succès inouï que son directeur dut sa fortune. Malheureusement, les documents font singulièrement défaut quand il s'agit de déterminer les modèles sortis de l'atelier.

La période sur laquelle nous sommes le plus mal renseignés — autant dire nous ne savons rien -- c'est celle du début. Tout au plus pourrions-nous rapporter à ces premières années certains camaïeux grossièrement gravés, imprimés en rouge ou en bleu faïencé, avec des petits personnages sur fond picoté, au milieu de dessins d'arabesques. Vers 1763, commencèrent les « mignatures », très petits motifs de fleurettes, de picots, de damiers, de carreaux, que les acheteurs accueillirent avec une faveur si soutenue qu'on les réimprimait encore en 1820. Les motifs de l'Inde, à quatre ou cinq rentrures, avec plusieurs couleurs d'application, apparaissent vers 1772, en même temps que les premiers « bouquets » — lisez « fleurs naturelles », — détachés sur fonds blanc, jaune, caca d'oie ou puce, ou combinés avec des fonds sablés. De 1775 à 1780, l'atelier met au jour des grands dessins de meubles pour les châteaux royaux, avec parfois huit planches pour le trait seul. On invente pour la robe des motifs riches sur fonds bronze ou « ramoneur ». En 1781, on grave en cuivre les mignatures, les mignonettes et les modèles délicats, ce qui leur donne plus de finesse. Pendant dix ans, c'est un déluge de gracieuses compositions — aussi bien au bloc qu'à la planche de cuivre — où les motifs Louis XVI, rubans, petit paniers, trophées, se combinent avec les fleurs naturelles sous toutes leurs formes, jusqu'au jour où les rayures droites deviennent à peu près le seul genre à la mode et font dire à Mercier, dans son *Tableau de Paris* que « tout le monde ressemble au zèbre du cabinet du Roi » (1788).

Sans doute, tout cela n'est pas du grand art : c'est peut-être quelque chose de mieux, c'est de l'art heureux.

A qui revient le mérite de cette charmante production ? Nous l'ignorons, nous l'ignorerons sans doute toujours. On sait que Mlle Jouanon, l'habile peintre de fleurs, fut attachée à l'atelier vers 1774. On connait un dessinateur, Louis Perrenond. Mais c'était surtout aux graveurs qu'incombait la tâche de combiner, de varier, d'imaginer les modèles, sur les indications d'Oberkampf et des membres de sa famille, dont c'était l'occupation de prédilection.

Dès le printemps de 1791, pour donner une meilleure organisation à ses services, Oberkampf jeta les fondations d'un vaste bâtiment dressé sur les plans de l'architecte Barré. Deux ans plus tard la manufacture était pourvue d'un édifice de 110 mètres de longueur, à trois étages, avec grenier mansardé, et tous les ateliers y étaient judicieusement répartis. Les presses d'impression à la planche de cuivre occupaient au rez-de-chaussée un espace de huit croisées. Le reste était réservé à l'imprimerie au bloc — 132 tables disposées sur deux rangées et éclairées par 88 fenêtres. — Chaque imprimeur avait au bout de sa table un châssis et un tireur pour étendre la couleur — 264 travailleurs au total. — Au-dessus et à l'extrémité de chaque table était fixé au plafond un râtelier de petits rouleaux pour suspendre et faire sécher la toile à mesure qu'une pièce était imprimée.

Le premier étage comprenait la chambre des dessinateurs et des graveurs sur cuivre, le cabinet des modèles, la chambre des graveurs sur bois (36 à 40 artistes), le bureau de classement des toiles, la chambre des moules où, sur des étagères, étaient classées 25 ou 30.000 planches susceptibles d'être employées, et enfin l'imprimerie des rentreurs et rentreuses qui occupait environ 40 tables.

A l'étage supérieur, l'atelier des pinceauteuses groupait trois cents ouvrières, travaillant par dix ou douze, assises à des tables symétriquement rangées. Tout le surplus de l'étage était réservé aux magasins de toiles blanches, apprêtées pour l'impression, ou de toiles déjà imprimées.

Enfin le grenier formait une galerie sans divisions, où séchaient les toiles peintes à fond uni que l'on y suspendait horizontalement par la lisière.

Cet ensemble était complété par les anciens bâtiments, réservés aux bureaux, aux ateliers d'emballage, aux magasins, au séchoir, à l'étendage, à la teinture, à la préparation des couleurs.

Toutes ces améliorations furent complétées par une innovation, dont la portée, inconnue au début, devait dépasser de beaucoup celle de tous les perfectionnements apportés jusque-là à l'indiennage. Il s'agit de la machine à imprimer au rouleau.

Les premières expériences à Jouy remontent à 1793. Mais, dès 1770, l'Écossais Th. Bell avait eu l'idée de graver en creux des cylindres de cuivre et de les monter sur un bâtis de calandre. Dès 1775, Bonvalet, à Amiens, se servait d'une machine à cylindre pour imprimer ses étoffes de laine. L'introduction du rouleau à Jouy n'en fut pas moins un des événements les plus considérables dans l'histoire de la manufacture. Au mois de septembre 1797, quand la première machine construite dans les ateliers de Chaillot commença à fonctionner, on constata qu'elle imprimait facilement 5.000 mètres par jour.

IV

Ce n'était pas trop de ce perfectionnement dans l'outillage pour permettre à la manufacture d'effacer les désastres de la Révolution, où la fabrication fut à peu près arrêtée malgré les certificats de civisme délivrés à son directeur par le Comité de Salut public, et de se relever de l'effrayante dépréciation des assignats qui la mit à deux doigts de sa perte.

La chute du Directoire et l'avènement du Consulat, en ranimant la confiance publique, ouvrirent pour Jouy une ère de prospérité sans pareille. Non seulement la fabrication atteignit une activité que nul n'aurait pu prévoir, mais Oberkampf imprima à façon des milliers de pièces pour les maisons de Lyon et de Montpellier, incapables de soutenir la concurrence, et de Mulhouse, où l'annexion récente avait bouleversé les conditions économiques de l'industrie cotonnière. En 1805, l'atelier arriva à occuper 1.322 personnes. Il en sortit 1.725.000 aunes imprimées (2. 450.000 mètres). L'inventaire accusa un bénéfice dépassant 650.000 francs. La progression de l'impression au cylindre, en particulier, fut si rapide, que le cuivre étant rare, on utilisa pour la fonte des rouleaux les canons pris au pape en 1798.

En même temps, d'incessantes recherches de laboratoire faisaient découvrir des procédés chimiques nouveaux. Berthollet était un familier de Jouy. Les membres de la Société d'Arcueil, Monge, Lagrange, Fourcroy, arrivaient à la manufacture les poches pleines d'échantillons. Un jeune Écossais, Robert Hendry, que la rupture de la paix d'Amiens avait retenu en France comme prisonnier de guerre et à qui le ministre Chaptal avait fait obtenir la résidence de Jouy, introduisit l'emploi des rongeants pour remplacer la lente et traditionnelle teinture à la réserve. A l'Exposition des produits de l'Industrie, au Louvre, en 1806, la manufacture se vit décerner la médaille d'or de première classe.

Elle eut cette année-là, un autre honneur.

Le vendredi 20 juin 1806, entre deux et trois heures, un gendarme des chasses vint au galop annoncer la visite de l'Empereur. Quelques instants après, Napoléon et l'impératrice Joséphine arrivèrent en voiture à quatre chevaux, accompagnés d'une suite nombreuse. L'Empereur demanda à voir la machine à imprimer au cylindre, les presses à la planche de cuivre, la grande imprimerie au bloc, tandis que Joséphine, dans la salle des dessinateurs, choisissait des vignettes pour se faire imprimer des mouchoirs de batiste. En sortant des ateliers, Napoléon, feignant de s'apercevoir que le maître de Jouy n'était pas décoré, détacha sa propre croix de la Légion d'honneur et l'épingla sur la poitrine du grand industriel.

Le geste impérial eut un retentissement inouï. De tous les points de la France, les félicitations arrivèrent au nouveau légionnaire. Berthollet lui écrivit : « Mon respectable ami, j'ai appris avec bien de la joye l'accueil que vous avait fait l'Empereur en visitant la première manufacture de son empire ; je n'ai pas manqué de lui remettre jeudi dernier les papiers dont vous m'aviez chargé : « M. Oberkampf a l'air d'un bien honnête homme, m'a-t-il dit, je n'avais point encore vu de si belle manufacture ».

L'Impératrice voulut avoir un souvenir de cette journée et chargea Isabey de reproduire la scène de la décoration. L'aquarelle est au musée de Versailles.

Napoléon ne s'en tint pas à cette visite. Il revint à Jouy le 25 août 1810, accompagné cette fois par Marie-Louise. Moins courageuse que Joséphine et enceinte alors du roi de Rome, la nouvelle impératrice recula devant la visite des ateliers. Le cortège se rendit tout droit dans les magasins. Napoléon s'assit sur une pile d'indiennes, et, en l'absence d'Oberkampf, son neveu fit passer sous les yeux du couple impérial les plus récents modèles de la manufacture. Au bout d'une heure, l'Empereur remonta en calèche, laissant ordre, pour le directeur, de se rendre à Saint-Cloud avec une corbeille de jolies indiennes pour faire des cadeaux aux dames de la Cour.

Le 2 septembre, Oberkampf fut reçu en tête à tête par Napoléon, pendant son déjeuner, et eut à répondre à une foule de questions que le vainqueur d'Austerlitz lui lança à vol d'aigle sur sa famille, ses enfants, sa fortune. Puis il le consulta sur le tarif douanier qu'il préparait :

« Il m'a dit avoir fait le nouveau tarif des douanes afin d'empêcher la contrebande, nota Oberkampf au sortir de l'entrevue. Je lui fis observer qu'il avait trop imposé les cotons. Il m'a répondu qu'il ne prenait que le prix des contrebandiers... que toutes les puissances étaient ruinées et que lui seul avait de l'argent. Que la Hollande payera cinquante millions et empêchera les Anglais d'y faire la contrebande que l'ancien Gouvernement avait tolérée ; qu'il fera brûler toutes les marchandises fabriquées qu'on a saisies et poursuivra les contrebandiers partout ; qu'il avait donné trois millions pour planter la plaine de Rome en coton et que cela vaudrait mieux qu'un pape ».

Plus tard, à Sainte-Hélène, Napoléon se souviendra de cette entrevue et dictera dans le *Mémorial*, à propos du tarif douanier : « J'ai consulté Oberkampf ».

Nous voici à l'apogée de Jouy, à sa plus belle phase de prospérité industrielle. Constaterons-nous la même réussite dans l'effort artistique ? Les modèles de la manufacture se sont-ils renouvelés aussi heureusement que son outillage ? Il serait peut-être dangereux de l'affirmer, et cependant, la production de 1796 à 1812 est si parfaite, qu'on hésite à lui préférer celle du siècle précédent.

Les modèles à la mode sous la Révolution avaient déjà paru sous Louis XVI, fonds bronze, fonds « ramoneur », avec un dessin très fourni de fleurs et de feuillages coupés. Le triomphe du genre est un mélange d'herbages, parsemés de petites fleurs des prés, baptisé « les bonnes herbes ». Bientôt, sous le Directoire, le décor géométrique — carreaux, losanges, rayures — sévit en teintes mauves, olive ou puce. A partir de 1800, l'emploi du rouleau et les difficultés de la gravure sur des cuivres cylindriques font recourir aux dessins minuscules, mille-raies, vermiculures, réseaux. Une variété charmante de poinçons : fleurons, palmettes, pois, rinceaux, petits cercles, ovales, losanges, remplacent les dessins de 1789.

Quand nous aurons parlé des imitations de cachemire, lancées vers 1806, des rongeries ou enlevages, datant à peu près de la même époque, et des « mignonnettes » imprimées en vert solide vers 1810, nous aurons parcouru les principales étapes de la fabrication. Mais il ne faudrait pas, dans cette évolution des genres, voir des catégories absolument tranchées. La vogue des créations de Jouy était si durable, que l'apparition des nouveautés n'arrivait pas à détrôner les anciens modèles. Le dessin « aux oiseaux », créé en 1781, se vendait encore en 1792. La « natte » inventée en 1778, après avoir suivi toute la carrière de Jouy, s'imprimait encore à Courbevoie en 1856, soixante-seize ans plus tard.

Le changement de goût est plus marqué dans le meuble. Quand la fin de la crise commerciale de 1793 à 1796 permit de recommencer l'impression à la planche de cuivre, Huet reprit le chemin de la manufacture avec un genre tout à fait renouvelé. Renonçant à l'anecdote galante, aux pastorales d'opéra-comique, aux animaux d'éventail, il dessina toute une série de planches — ou plutôt de demi-planches — dans le style néo-antique à la mode. Son talent, qui n'avait pas vieilli, aborda la mythologie et les sujets pompéiens avec une souplesse qu'on ne pouvait guère prévoir. Renonçant aux fonds blancs de ses anciennes compositions, il inséra ses personnages dans des encadrements de médaillons, de losanges, d'ovales au goût du jour, et composa des fonds garnis par des travaux serrés.

C'est *la Fontaine* (1794), *Diane chasseresse, Minerve et Vénus, le Loup et l'agneau, Léda* (1809), *le Lion amoureux, Psyché et l'Amour* (1810). Mais dans ce flot d'antiquité rénovée, le vieil artiste ne réussit pas entièrement à perdre son goût pour ses anciennes anecdotes. *Paul et Virginie* (1802), *le Meunier, son fils et l'âne* (1806) méritent de prendre place à côté des meilleures inspirations de sa jeunesse. Le 27 août 1811, le vieux peintre mourut. Pendant plus de vingt-cinq ans, il avait dessiné toutes les grandes planches de Jouy, sans autres rivaux que les anonymes, de bien moindre talent, auteurs de *la Pêche maritime*, de *la Kermesse flamande*, du *Ballon de Gonesse*, des *Plaisirs de la chasse*, du *Mariage de Figaro*, des *Dieux de l'Olympe*, démarqueurs sans vergogne d'estampes contemporaines.

V

Il semble que le bon Huet, en mourant, emporta avec lui la fortune de Jouy.

Après lui, on fit appel à des talents divers, mais sans esprit de suite. Pinelli composa *les Scènes romaines* (1811) ; Hem, *le Don Quichotte* (1813) ; Demarne, *le Paysage suisse* (1814) ; Horace Vernet, *la Chasse à courre* (1815) ; Hippolyte Lebas, *les Colombes* (1815), *la Marchande d'amours* (1817), *les Monuments de Paris* (1816), *les Monuments du Midi* (1818) ; Peter, *les Scènes d'Egypte*, *l'Histoire de Joseph* (1816).

Deux années médiocres, où le chiffre d'affaires atteignit à peine la moitié des inventaires moyens, les événements militaires de la fin de l'Empire et les désastres de la campagne de Russie apportèrent un malaise sérieux dans la marche de la manufacture. Pour la première fois, depuis la Révolution, le bilan de 1813 accusa un résultat négatif. Il fallut réduire le nombre des ouvriers. On ne travailla plus que trois jours par semaine.

Le 29 mars 1814, l'ennemi était aux portes de Paris. Des bandes de cosaques traversaient les rues de Jouy au galop et frappaient à la porte de la manufacture en réclamant du *schapps* et du *tou-*

back. Puis, après la capitulation de la capitale, les troupes régulières cantonnèrent dans le village. Le colonel des chevaliers-gardes de l'empereur Alexandre s'installa dans la demeure d'Oberkampf avec son état-major. Ils y restèrent plus d'un mois.

Quand ils partirent, à la fin d'avril, et que le son de la cloche annonça la réouverture des ateliers, on put croire le mauvais rêve fini. Mais moins d'un an plus tard, une nouvelle invasion plus terrible que la première, mit la manufacture à deux doigts de sa perte.

Cette fois le canon retentit jusqu'à Jouy. Les Prussiens brûlèrent Vélizy, pillèrent le Petit-Jouy, les Loges. Tout le mois de juillet se passa dans les transes, avec une population affolée de femmes et d'enfants réfugiés dans les ateliers. En août, l'occupation devint plus régulière. L'armée d'invasion logea chez les habitants. Mais Oberkampf était frappé à mort. Il ne put résister au spectacle de sa manufacture déserte, de la vie arrêtée dans ce petit univers dont il avait été l'âme durant un demi-siècle. Le 4 août 1815, il s'éteignit sans souffrance et sans agonie, au milieu de la désolation de sa famille et de ses amis. Une foule émue le conduisit à l'Elysée du Montcel, sous les ombrages qu'il avait plantés, au pied du petit temple à la douleur qu'il avait élevé à la mémoire de son fils Alphonse. Le patriarche de Jouy avait soixante-dix-sept ans : il en avait passé cinquante-cinq à la manufacture.

Il laissait à ses héritiers une tâche presque impossible à remplir. L'inflexible régime douanier de l'Empire n'arrêtait plus la concurrence étrangère. Les manufactures d'Alsace, les ateliers normands travaillaient moins bien qu'à Jouy, mais ils livraient leurs produits à meilleur compte. La société élégante se détachait de ces toiles qui l'avaient passionnée si longtemps. Les gens de petite condition couraient au meilleur marché et se laissaient séduire par les indiennes de « faux teint », plus variées et plus séduisantes de couleurs que les classiques « bon teint » d'Oberkampf.

Pendant quatre ans, la Société « Oberkampf les héritiers », dont les principaux administrateurs étaient Émile Oberkampf, fils du fondateur de Jouy, et Samuel Widmer, son neveu, s'efforcèrent de rendre à l'établissement sa prospérité passée. On ouvrit des succursales à Rouen, à Lyon, à Toulouse, à Bordeaux. L'atelier des dessinateurs créa de nouveaux modèles, dont celui des « bayadères » — larges bandes horizontales formant bordure au bas des robes — jouit d'une vogue au moins égale à l'opéra de Catel qui lui avait donné son nom. Mais les résultats ne répondirent pas à ces efforts. A la fin de décembre 1820, l'association fut dissoute et Émile Oberkampf resta seul en titre, avec son cousin, sous la raison sociale « Oberkampf et Widmer aîné ».

Malheureusement Widmer s'exagéra les devoirs et les responsabilités de sa nouvelle situation. Ses forces le trahirent. Il tomba dans des accès de neurasthénie aiguë, et, le 9 mai 1821, il mit volontairement fin à des jours qui lui étaient à charge.

Après cette page douloureuse de l'histoire de la manufacture, qu'on dirait écrite par Balzac, Émile Oberkampf s'associa avec le fils d'un fabricant de toiles peintes de Rouen, Auguste Barbet, et lui laissa quelques mois plus tard la propriété de l'entreprise sous la firme : « Manufacture de toiles peintes de Barbet de Jouy, successeur d'Oberkampf ».

C'est le dernier avatar du célèbre établissement. Auguste Barbet eut le rare mérite de réussir à l'exploiter pendant une douzaine d'années, avec des alternatives de succès et de revers. En 1837, il parvint même à le constituer en société par actions, mais sans pouvoir arrêter une décadence inévitable. En 1842, les intéressés exigèrent la liquidation. La manufacture ferma ses portes le 19 juin 1843, dans la quatre-vingt-troisième année de son exercice.

Ainsi finit l'œuvre d'Oberkampf. De cette immense création, seul le bâtiment principal échappa à la pioche du démolisseur pour subir, en 1864, le même sort que les annexes. Aujourd'hui, il ne reste plus que la petite maison du « Pont de Pierre », qui en fut le modeste berceau et le château du Montcel, demeure du grand industriel, encore remplie, il y a peu d'années, de souvenirs et de reliques, occupée maintenant par une institution de jeunes gens. Seul le petit cimetière, avec ses monuments falotement dessinés par Lebas et ses ombrages élyséens, a été conservé au culte des disparus par la piété des descendants.

VI

Si la manufacture de Jouy personnifie aux yeux de la postérité l'industrie de la toile imprimée, au point que l'expression « toile de Jouy » est devenue une appellation générique s'appliquant indifféremment à toute la production de l'indiennage français, il ne s'ensuit pas qu'Oberkampf n'ait pas eu des rivaux et des successeurs, souvent pleins de mérite. Quelle singulière injustice de passer sous silence l'activité industrielle de cent cinquante ateliers, qui pendant un demi-siècle, de 1765 à 1815, imprimèrent chaque année une moyenne de 800.000 pièces, soit environ 12 millions de mètres !

On ne peut songer à en donner une liste, même incomplète. L'inventaire officiel en a été dressé deux fois : en 1785, par les Inspecteurs des Manufactures ; en 1806, par les Préfets de l'Empire. Contentons-nous de mettre en lumière quelques-uns de ces ateliers ignorés ou méconnus, dont les dessins ne valaient pas ceux de Jouy, mais dont les qualités de fabrication n'étaient guère inférieures.

L'Alsace, comme on sait, est le berceau de la toile imprimée en France. Dès 1746, Schmaltzer, Dollfus et Koechlin ouvrirent à Mulhouse la manufacture de la Cour de Lorraine. A la fin du siècle, vingt-deux établissements, à Thann, Cernay, Wesserling, Colmar, Munster, Mulhouse, étaient en pleine activité avec une production de près de quatre millions de pièces. Faut-il citer ces dynasties d'indienneurs, dont quelques-unes, comme les Koechlin, Gros, Roman, Baumgartner, Schlumberger, Steiner sont encore représentées aujourd'hui ? Non contents de porter à la perfection la solidité de leurs teintures, ils s'assurèrent le concours d'habiles dessinateurs alsaciens, Portalier, Linguet, Gergonne, Prévôt, Saint-Quentin, passés maîtres dans la création des motifs floraux ou des reproductions de modèles indo-persans. A la Révolution, la venue des dessinateurs chassés des Gobelins, Hofer et Malaine, apporta à l'art d'Alsace l'élégance qui lui faisait parfois défaut. Dix ans plus tard, l'introduction de la machine à imprimer au rouleau donna le signal d'une activité industrielle qui s'amplifia singulièrement dès que Jouy eut fermé ses portes.

Presque en même temps que l'Alsace, la Provence ouvre des ateliers d'impression à Marseille, à Aix, à Orange. Mais cette dernière ville a seule laissé des traces glorieuses dans les annales de l'indiennage, grâce à la célèbre manufacture des frères Wetter (1757-1785). Tous les inventaires de l'époque fournissent des mentions de toiles d'Orange, et l'on voit encore dans la vieille cité les fresques où les directeurs avaient fait peindre, par des artistes italiens, les travaux de leur manufacture.

La Normandie, région toilière de premier ordre, est également à l'avant-garde de la nouvelle industrie, depuis 1756, où le Genevois Frey installe les premières presses. Trente-huit manufactures, en 1785, prospèrent dans la généralité de Rouen, et leur production est presque balancée par les ateliers de Bolbec, spécialisés dans les toiles bleues imprimées en réserve. Sous l'Empire, l'indiennage normand entre pour un tiers dans le total de la production nationale.

Angers, après des débuts pleins de promesse avec les frères Danton (1752) et Lesourd-Delisle (1779-1805), cesse toute activité après la Révolution, malgré sa spécialité en mouchoirs de Cholet. La France de l'Ouest s'approvisionne à Nantes, et c'est après Jouy le plus important foyer d'indiennage au XVIIIe-XIXe siècle.

Des neuf ou dix manufactures nantaises sortent chaque année plus de cent mille pièces absorbées aussi bien par la consommation nationale que par le commerce maritime avec la Guinée et les Iles d'Amérique. La plus importante, celle des frères Petitpierre (1760-1790), devenue Petitpierre et Cie (1790-1802), puis Favre, Petitpierre et Cie (1802-1818), et enfin Ferdinand Favre et Cie (1818-1866), exploite un assortiment de plus de cent cinquante planches de cuivre pour meubles, égalant — et même dépassant — le stock de Jouy. La mythologie et l'antiquité, le roman et le drame, les monuments et les paysages, l'allégorie et la pastorale, la chasse et la pêche, la fleur, l'ornement, elle épuise tous les thèmes favoris des imprimeurs en toile, sans que l'on puisse citer plus de deux ou trois dessinateurs : Mlle Lucie Belorgé, M. de Nyssen, et deux très bons graveurs : Mader père et Cholet. En même temps, l'atelier imprime à la planche de bois de superbes dessins à ramages, très montés en couleur, notamment en bleu et en rouge, d'un cachet spécial et qu'on ne retrouve dans aucun autre atelier.

Bordeaux est pour Nantes une concurrence d'autant plus sérieuse qu'à la production de la grande cité — ou plutôt de sa banlieue — s'ajoute celle des trois ateliers d'Agen, florissants jusqu'à la fin de l'Empire. J.-B. Meillier, fondateur de la manufacture de Beautiran (1792-1806), met au jour de grandes planches de cuivre : *l'Aurore*, d'après le Guide, *le Bon père de famille*, d'après Greuze, *les Amants surpris*, d'autres sujets, bien gravés et parfaits d'exécution.

A Montpellier, l'indiennage présente quelque intérêt à la fin du XVIIIe siècle et au début du XIXe, où deux ateliers, celui de Fehlmann, Véret et Levat, et celui de Lafosse et Lionnet nous ont laissé des albums de références et même des planches de belle réussite.

Sur les frontières du Nord, l'industrie est peu active, la contrebande introduisant en abondance des toiles suisses, hollandaises ou anglaises Il n'en est pas de même de Troyes, où l'existence d'imprimeries de papiers peints et de livrets populaires entretenait de nombreux graveurs sur bois, tout prêts à entrer au service des indienneurs. On y trouve constamment de 1766 à 1810 au moins deux manufactures en exercice.

Dans l'Ile-de-France, la manufacture de Jouy absorbe près du quart de la production. A Paris, les établissements sont rares, mais à Saint-Denis, à Sèvres, à Arcueil, Choisy-le-Roy, Clayes des ateliers se montent avec des fortunes diverses. Le seul Dollfus, de Wesserling, réussit à faire prospérer sa manufacture de Bièvre, aux portes même de Jouy, et ce n'est pas un mince mérite. A Melun, Perrenod a monté en 1776 un atelier remarquable par le bon goût des dessins et l'excellence de la fabrication. Beauvais ne compte pas moins de quatre indiennages, spécialisés pour une bonne part dans les impressions en bleu faïencé.

Orléans nous a laissé de jolis dessins de meubles et de vêtements provenant de la manufacture de Jacques de Mainville (1762-1815).

L'Ouest et le Centre, Bourges excepté, sont réfractaires à l'indiennage. Le Sud-Est, en particulier la région lyonnaise, a beaucoup d'ateliers, mais l'industrie soyère absorbe presque toute l'activité. Seule la région dauphinoise, grâce à Vizille, où le Genevois Fazy a fondé un atelier dirigé par Périer, et à Jailleu, où le Suisse Pourtalès a créé un établissement prospère en 1778, mérite une mention.

Tel est le bilan de l'indiennage en France au XVIIIe-XIX{e} siècle. Nous n'en avons donné que les traits essentiels. Il faudrait y consacrer un livre. Sous l'ancien régime, les petits ateliers sont en minorité. La plupart des manufactures se montent sur le pied de la grande industrie, avec une mise de fonds importante. Perrenod, à Melun met 400.000 livres dans son entreprise. Les intéressés d'Orange réunissent 600.000 livres. Généralement une société se forme entre négociants et capitalistes. Les membres de la noblesse provinciale y participent et deviennent les protecteurs de l'entreprise. On prend pour chef de fabrication, un professionnel, le plus souvent un étranger, Suisse, Allemand, Anglais. On utilise des bâtiments déjà construits, des châteaux comme à Vizille, à Montpellier, des églises désaffectées à la Révolution, comme à Annecy. Beaucoup de ces entreprises n'ont qu'une durée éphémère. Mais l'insuccès ne décourage pas les nouvelles initiatives et la production totale des ateliers en 1785 et en 1806 ne diffère pas sensiblement. Seul le mérite artistique est en décroissance.

BIBLIOGRAPHIE SOMMAIRE

BAKER (Geo P.). *Calico painting and printing in the East Indies in the XVIIth and XVIIIth centuries.* London, 1921. In-fol. max. et portfolio de 37 pl. en couleurs.

BALLOFFET (Joseph). *Histoire de l'indienne à Béligny, Chervinges et Villefranche-en-Beaujolais.* Villefranche, 1912, in-8°.

BONNET (Émile). *L'industrie des toiles peintes à Montpellier.* Montpellier, 1923, in-8°, 1 pl.

CHABAUD (Louis). *Marseille et ses industries. Les tissus, la filature et la teinturerie.* Marseille, 1883, in-8°.

CLOUZOT (Henri). *La toile peinte en France. La manufacture de Jouy.* Versailles, 1912-1914, gr. in-fol., 50 pl. en couleurs (ouvrage inachevé).

— *Le métier de la soie en France,* suivi d'un historique de la toile imprimée. Paris, 1914, in-fol., 62 pl. et fac-similé.

— *La tradition de la toile imprimée en Alsace* (*La Renaissance de l'art français,* juillet 1919), 8 fig.

— *Les toiles imprimées de Nantes* (*La Renaissance de l'art français,* novembre 1924).

DAUPHIN (V.). *Les manufactures de toiles peintes et imprimées en Anjou.* Angers, 1924, in-8°.

DELORMOIS. *L'art de faire l'indienne à l'instar d'Angleterre, et de composer toutes les couleurs, bon teint, propres à l'indienne.* Paris, 1770, in-12.

DÉPIERRE (Joseph). *L'impression des tissus, spécialement à la main, à travers les âges et dans les divers pays.* Mulhouse, 1910, in-8°, 71 pl. et fig.

DEPITRE (Edgard). *La toile peinte en France au XVII⁰ et au XVIII⁰ siècles.* Paris, 1912, in-8°, 4 pl.

GARSONNIN (Dr.). *La manufacture de toiles peintes d'Orléans.* Paris, s. d., in-8°, 2 pl.

GERVAIX ET ARVERS. *Recherches sur la fabrication des toiles imprimées à Rouen.* Rouen, 1816, in-8°.

Histoire documentaire de l'industrie de Mulhouse et de ses environs au XIXe siècle. Mulhouse, 1902, in-fol., 46 pl. et cartes.

Huet (J.-B.). *Dessins et décorations pour la manufacture de Jouy.* Paris (s. d.), 52 pl.

Labouchère (Alfred). *Oberkampf.* Paris (s. d.), in-12.

Morin (Louis). *Recherches sur l'impression des toiles dites « indiennes » à Troyes.* Troyes, 1913, in-8º.

Musée Galliera. — La tradition de la toile imprimée en France. Paris, 1907, in-8º.

Nouvelles collections de l'Union centrale des Arts décoratifs. IX et IX *bis. Œuvres de Huet et de son école pour la manufacture de Jouy.* Paris, 1908, in-4º, 103 pl.

Piequet (O.). *Histoire de la coloration des tissus, teinture et impression.* Rouen, 1911, in-16.

Roussel (Ernest). *Une ancienne capitale, Orange.* Paris (s. d.), in-16, fig. et pl.

Widmer (Samuel). *Lettres écrites d'Alsace,* publiées par S. T. Mulhouse 1911, in-8º.

MACON, PROTAT FRÈRES, IMPRIMEURS. — MCMXXVI.

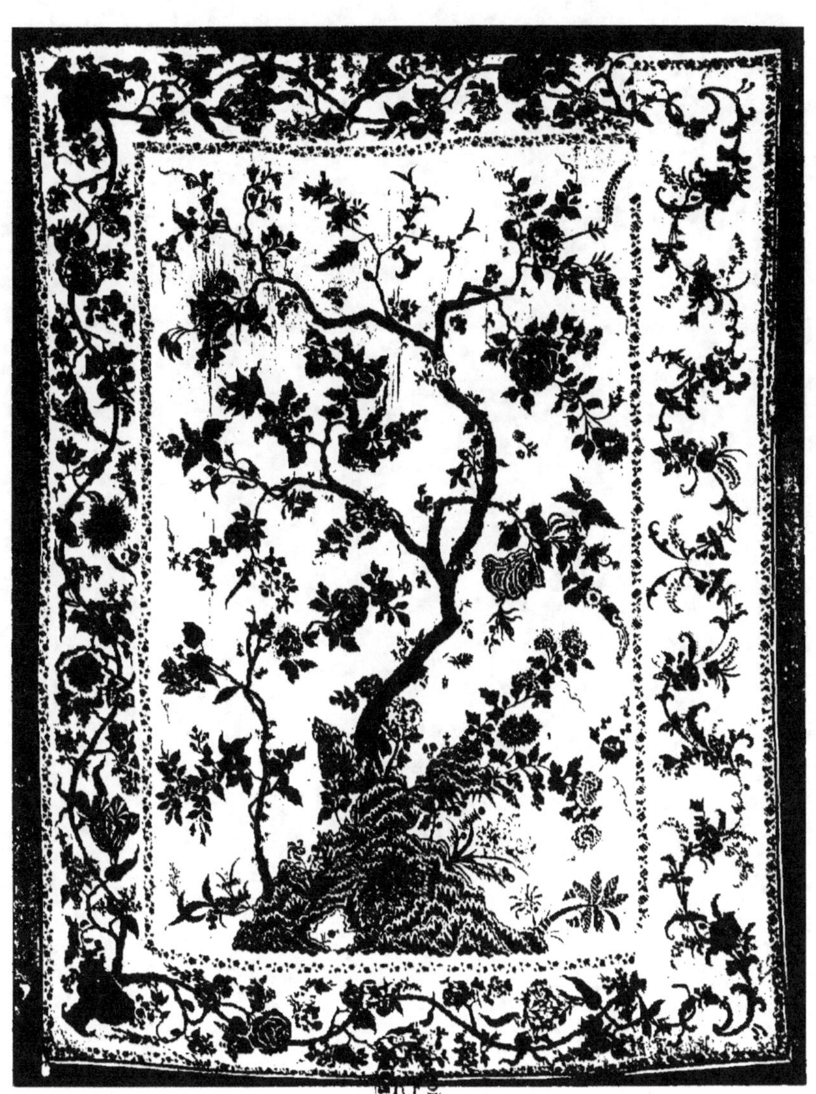

Toile de l'Inde. Grand panneau arborescent, XVIIe-XVIIIe siècle.
(anc. coll. Arthur Martin).

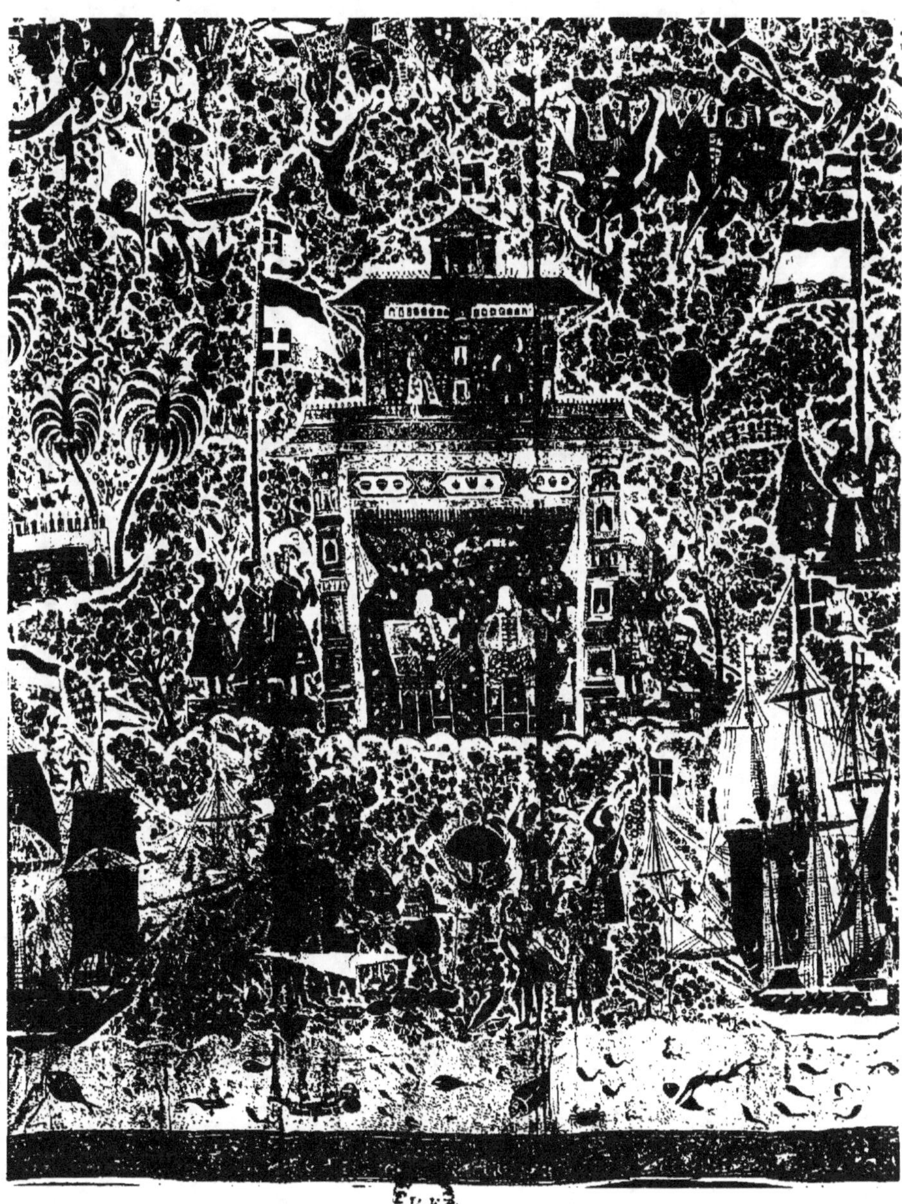

Toile peinte de l'Inde (fragment), XVIIe siècle.
(Musée des Arts décoratifs).

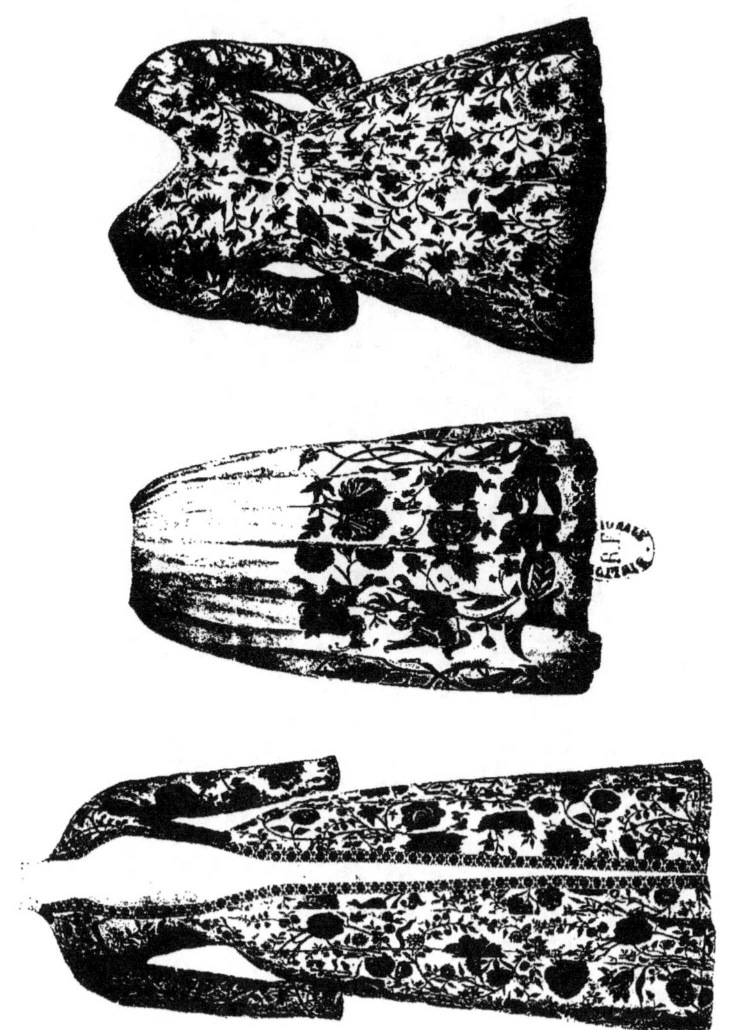

Vêtements européens confectionnés en toile de l'Inde, XVIIIe siècle.
(Courtesy of Mr. Geo P. Baker).

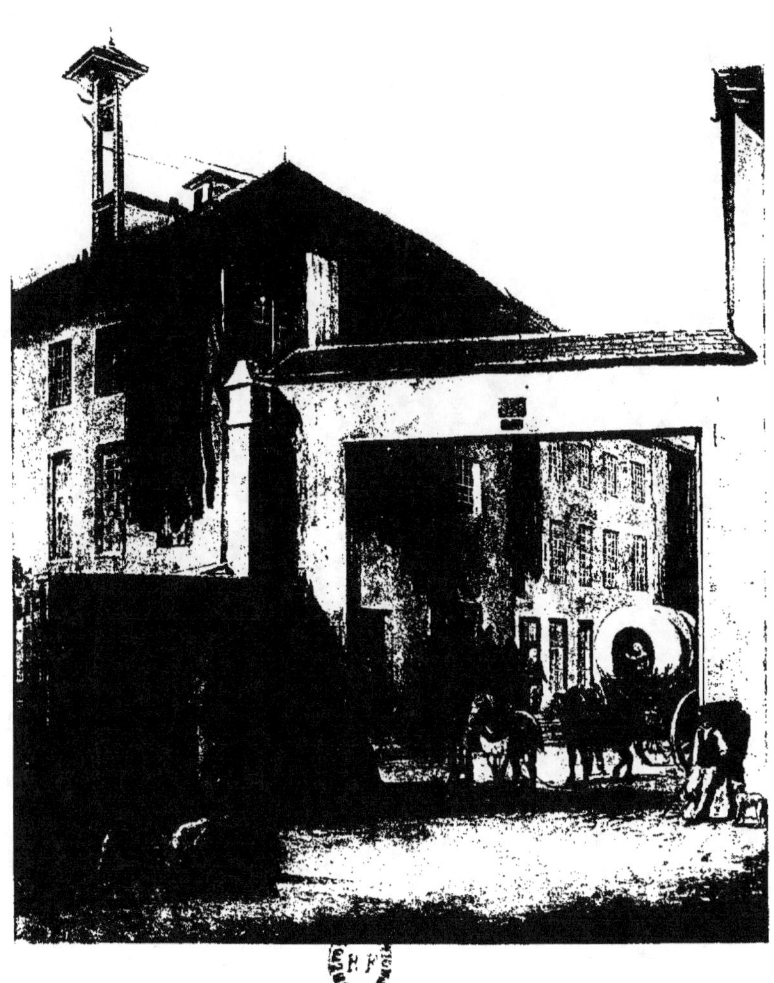

Jouy. — Entrée de la Manufacture, dessin original de P. A. Labouchère.
(anc. coll. du Montcel).

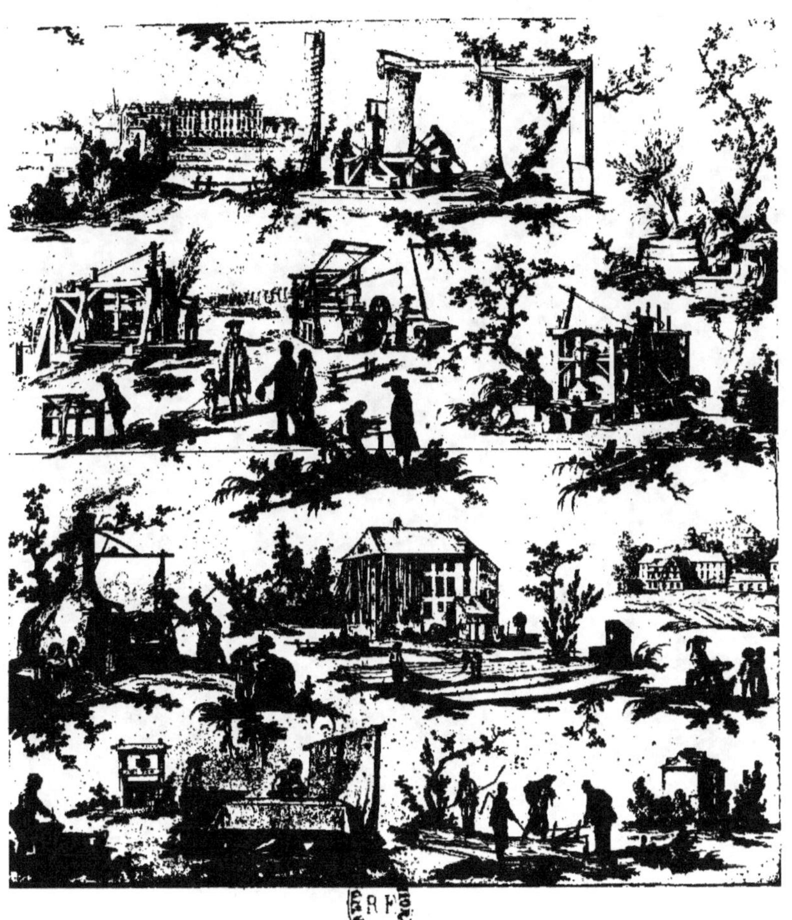

Jouy. — Les Travaux de la Manufacture, dessin de J.-B. Huet,
vers 1784. (anc. coll. du Montcel).

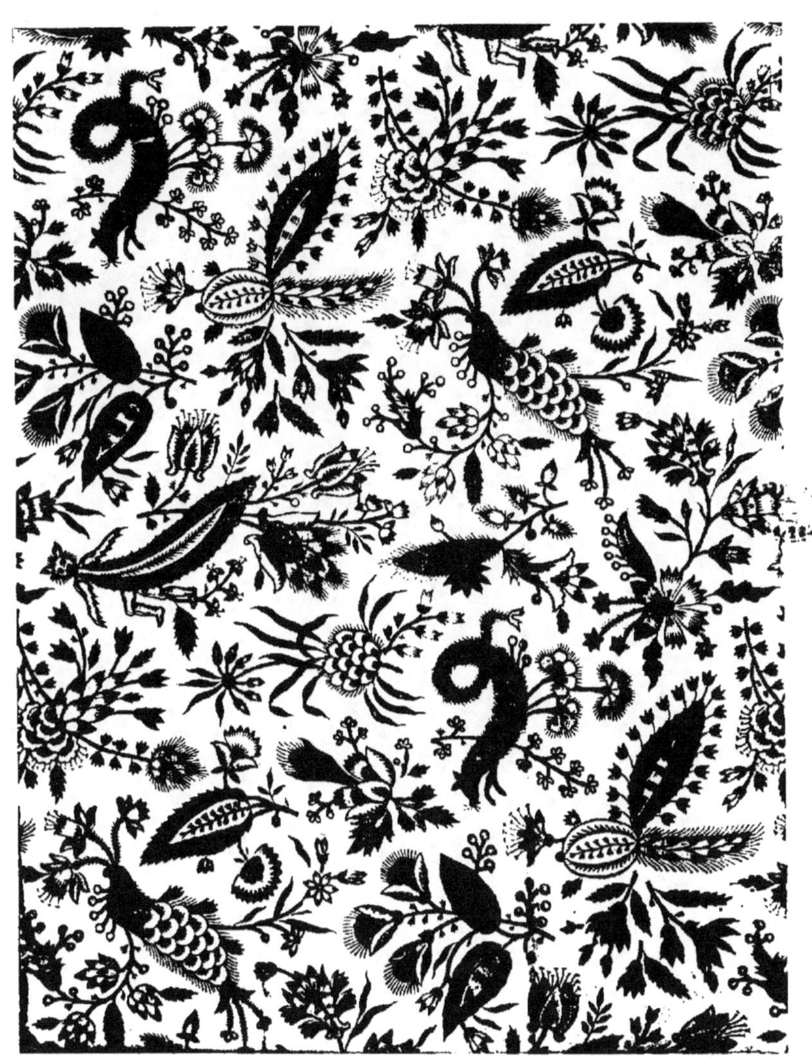

Jouy. — Les Coquécigrues, vers 1780.
(anc. coll. du Montcel).

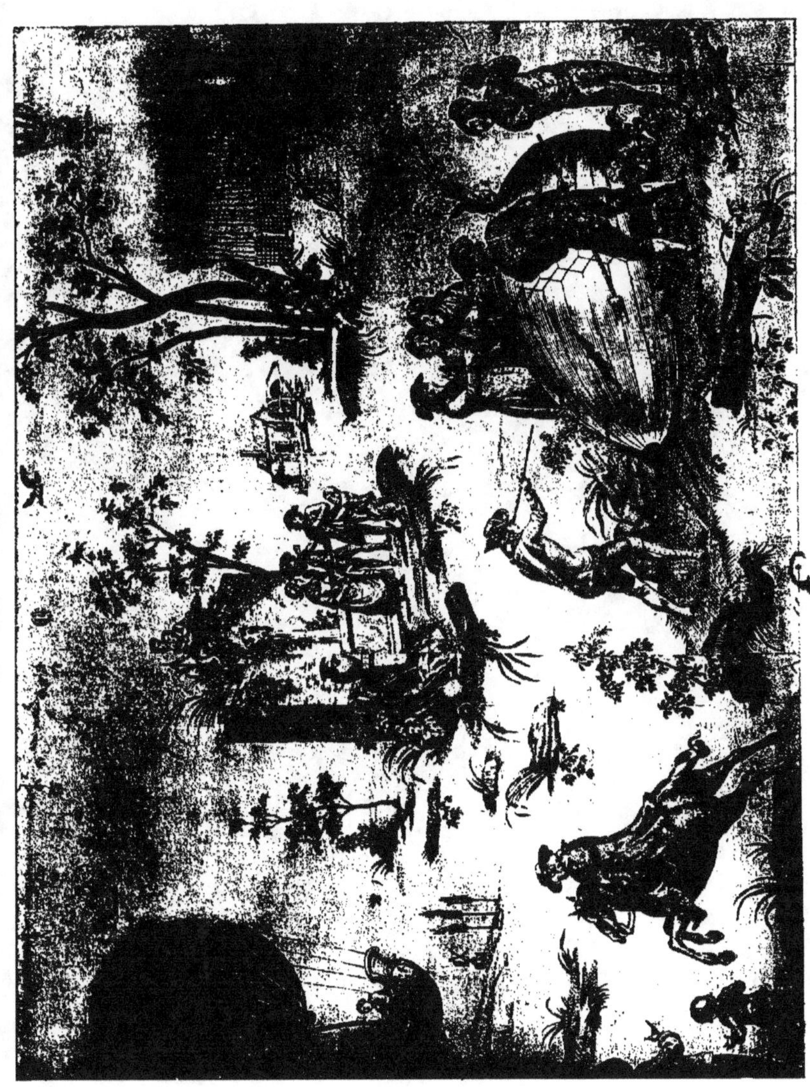

Jouy. — Le Ballon de Gonesse 1784. (coll. E. Rosot).

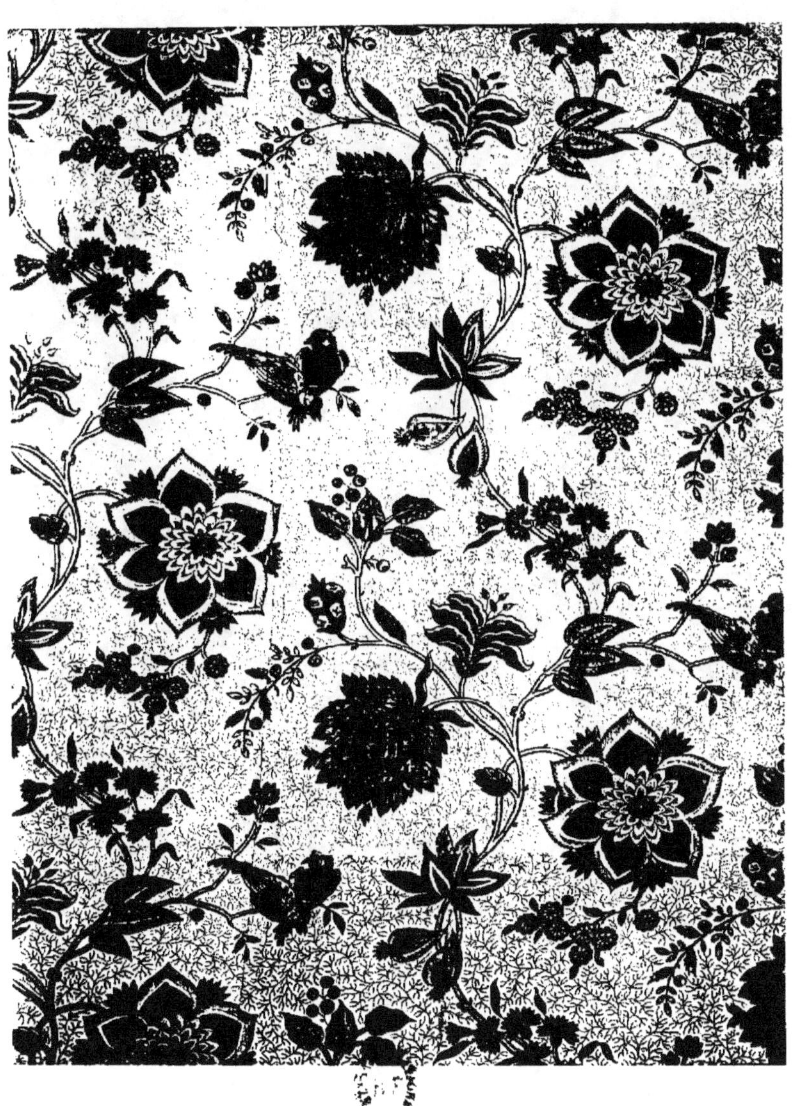

JOUY. — Décor genre Perse, vers 1780.
(Bibl. Forney).

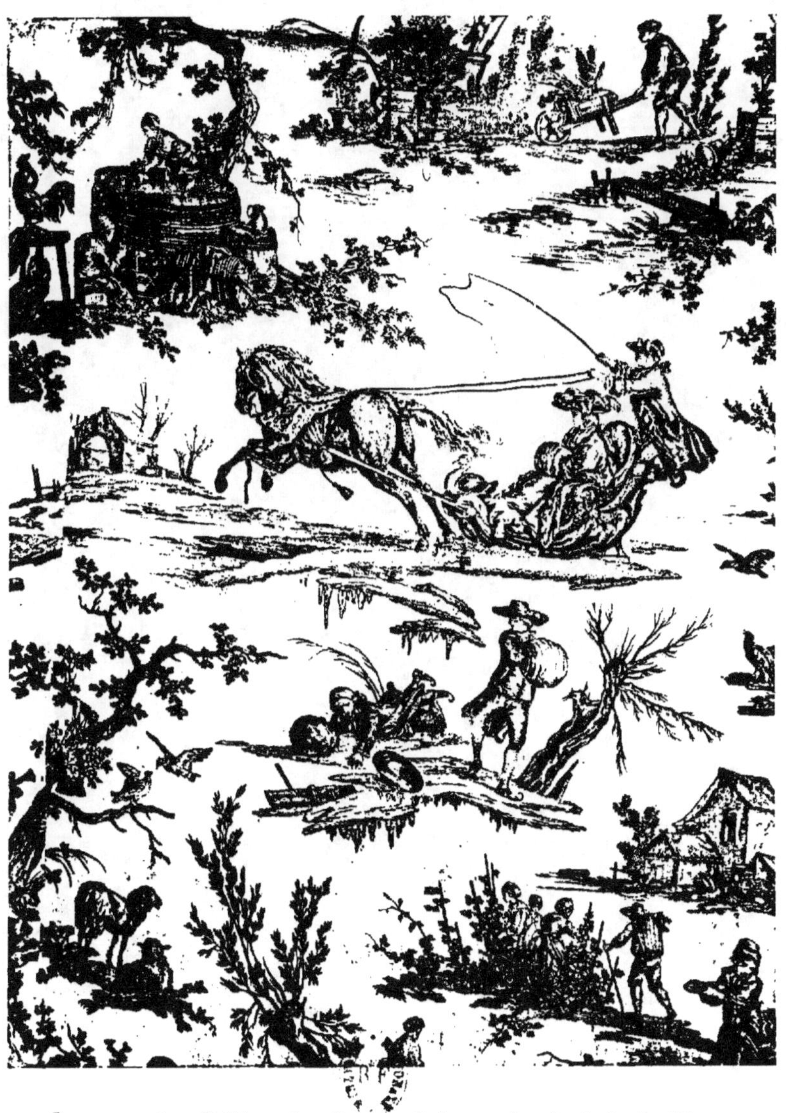

JOUY. — Les Délices des Quatre Saisons, dessin de J.-B. Huet,
vers 1785. (Musée des Arts Décoratifs).

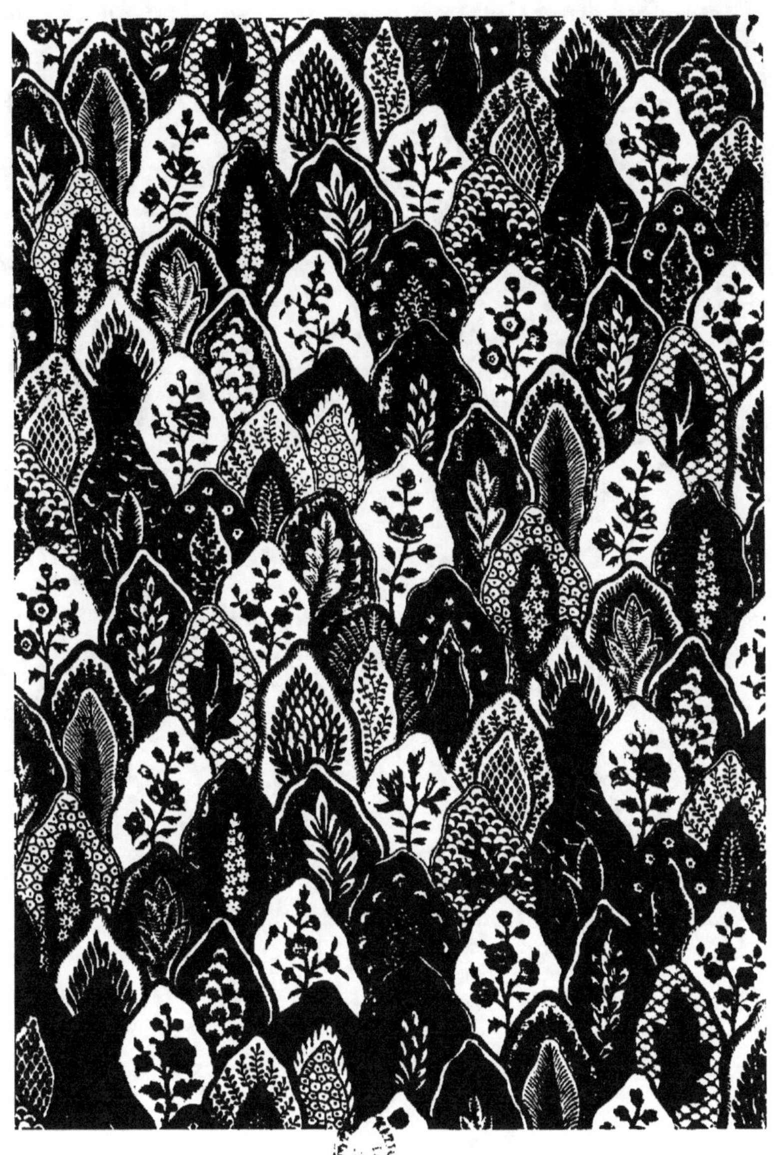

Jouy. — Motif genre indien imbriqué, vers 1780.
(coll. Mme Henri Clouzot).

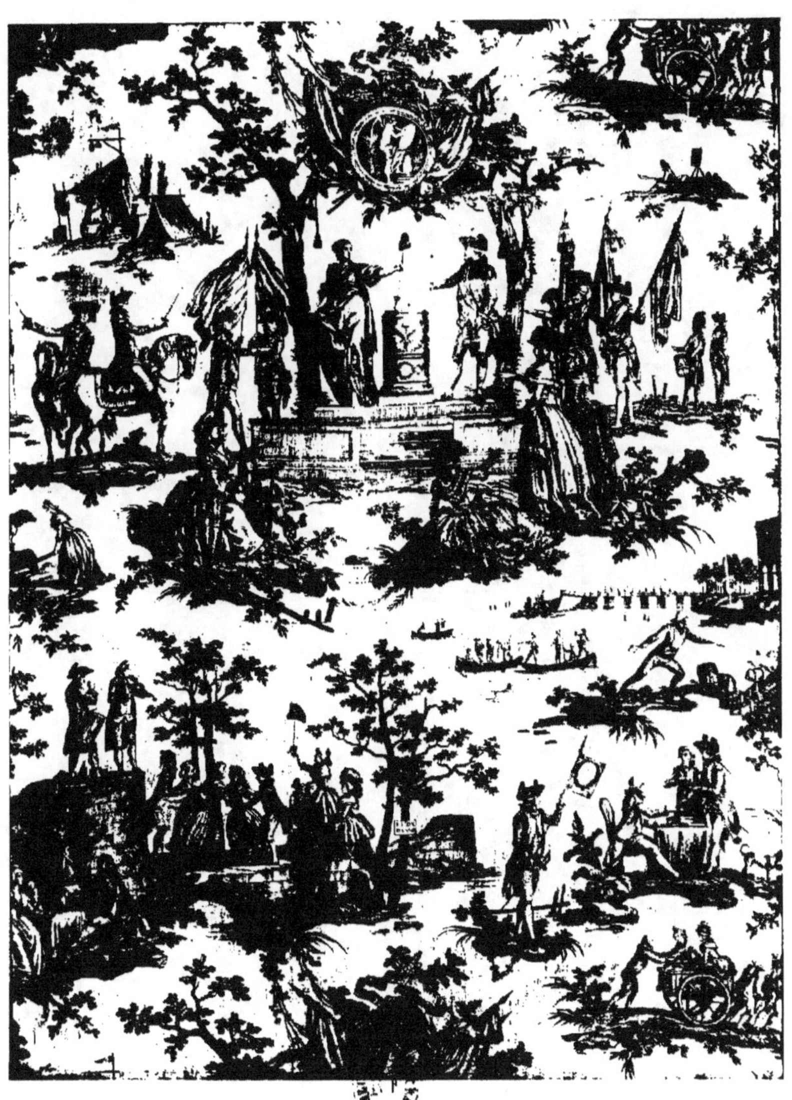

JOUY. — La Fédération, dessin de J.-B. Huet, 1791.
(Musée Carnavalet).

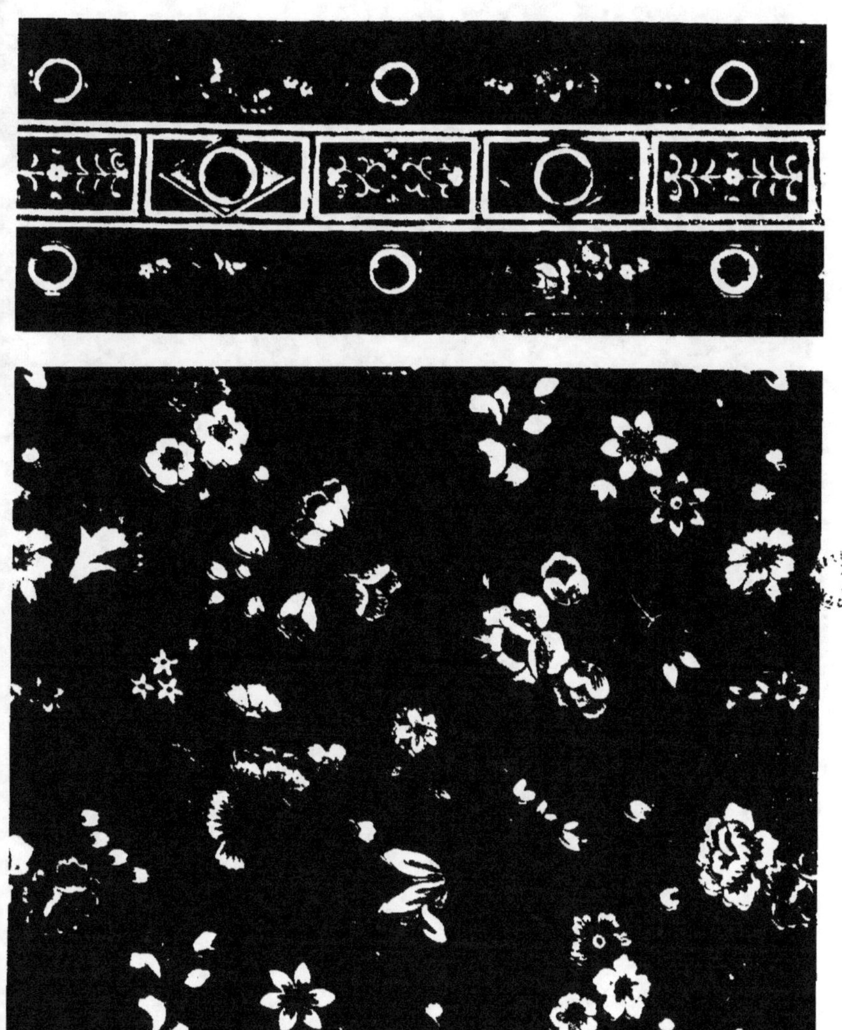

JOUY. — Dessin de fleurs et bordure fond ramoneur, vers 1788.
(Bibl. Forney).

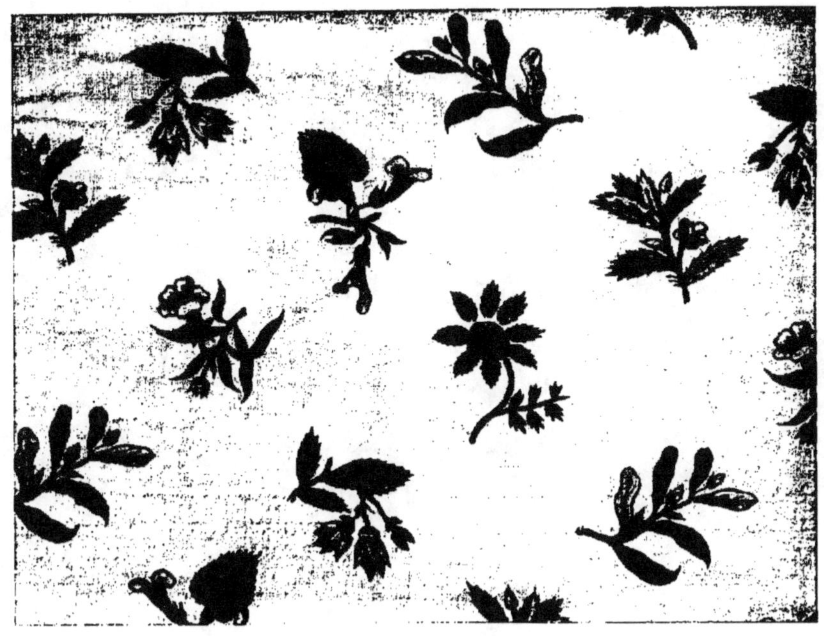

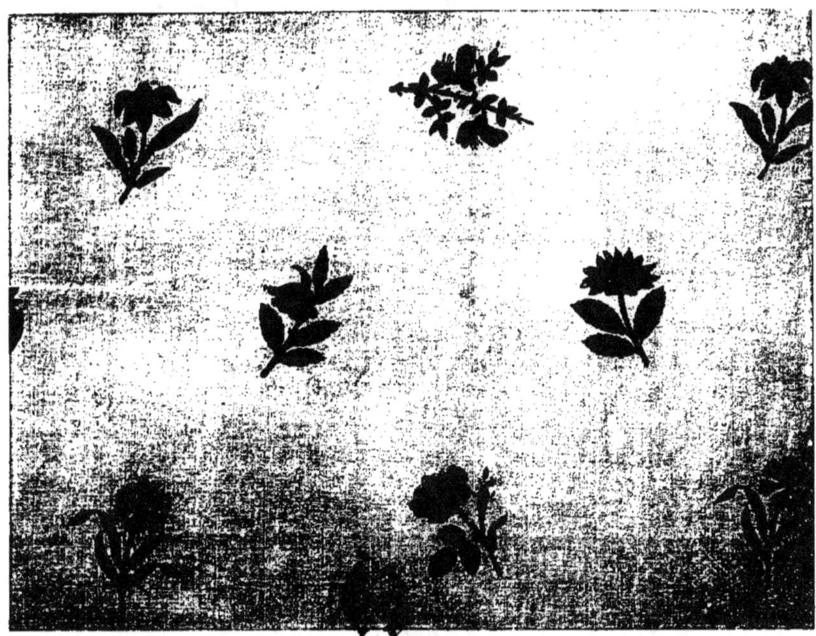

JOUY. — Motif à fleurettes pour vêtements, vers 1775.
(coll. Mme Henri Clouzot).

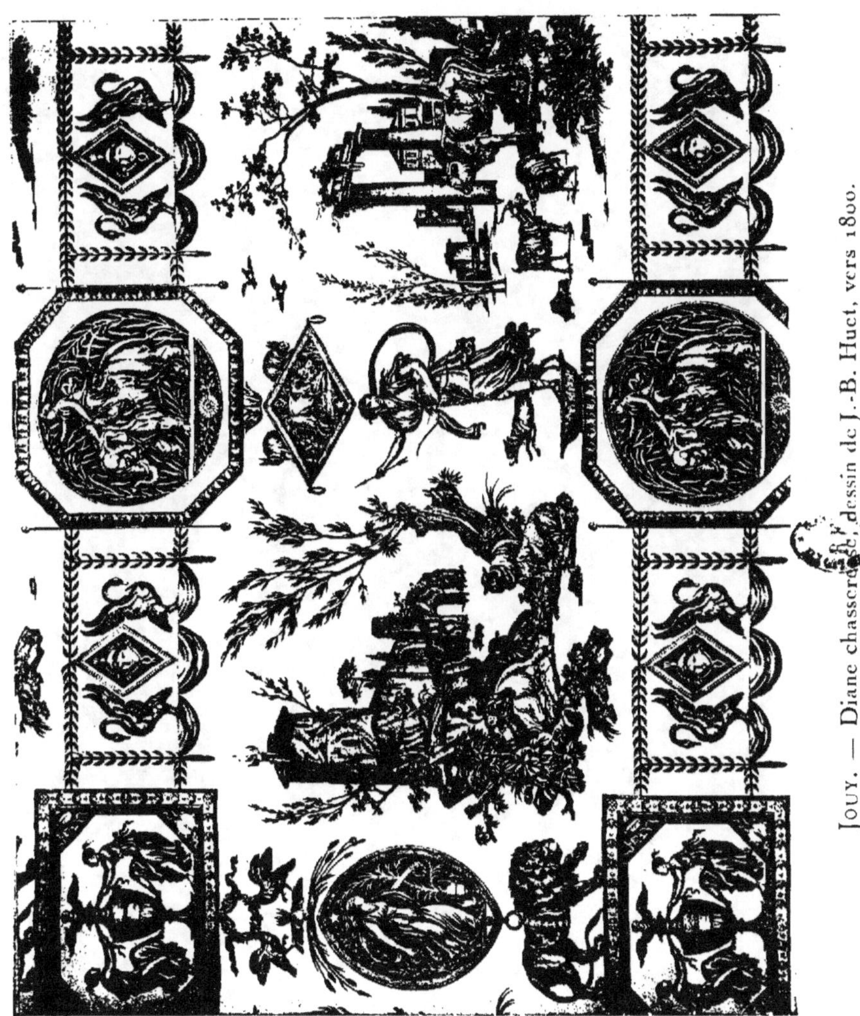

Jouy. — Diane chasseresse, dessin de J.-B. Huet, vers 1800.
(Bibl. Forney).

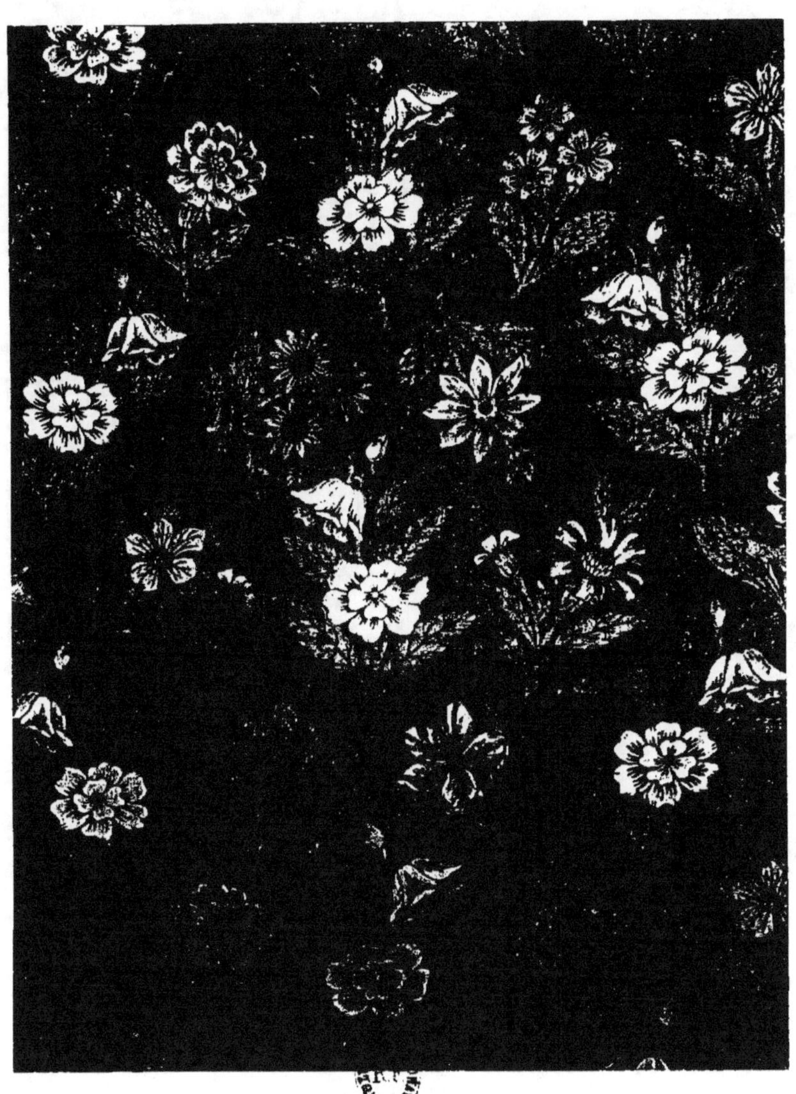

Jouy. — Les Bonnes herbes, vers 1789.
(coll. Mme Henri Clouzot).

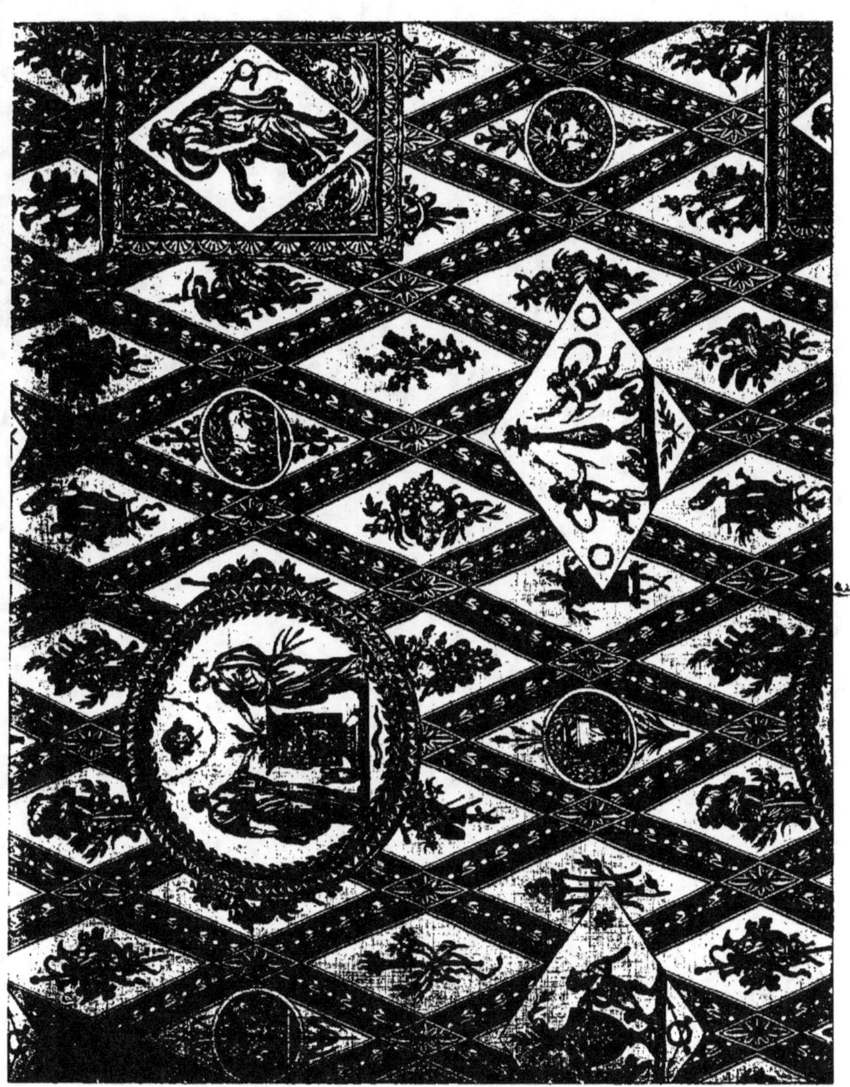

Jouy. — Les Losanges, 1790. (Bibl. Forney).

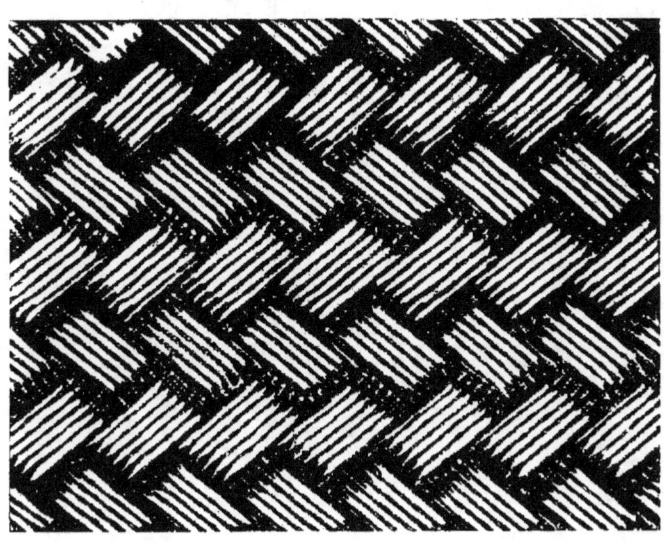

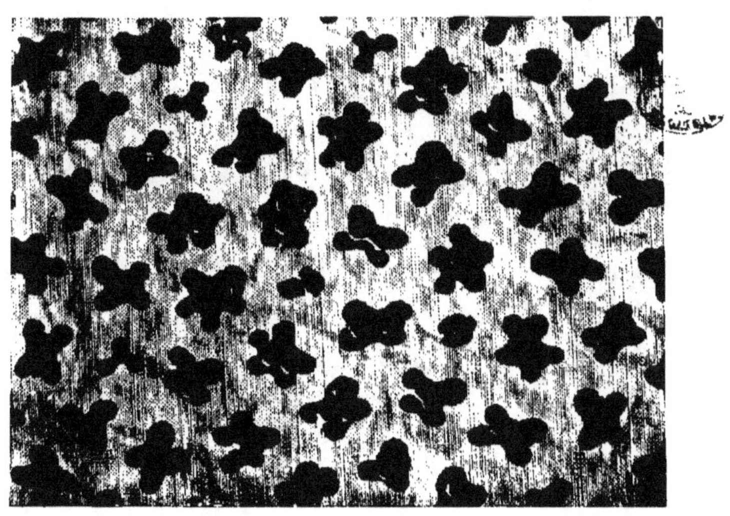

Jouy. — La Peau de léopard. La Natte, vers 1806.
(coll. Mme Henri Clouzot).

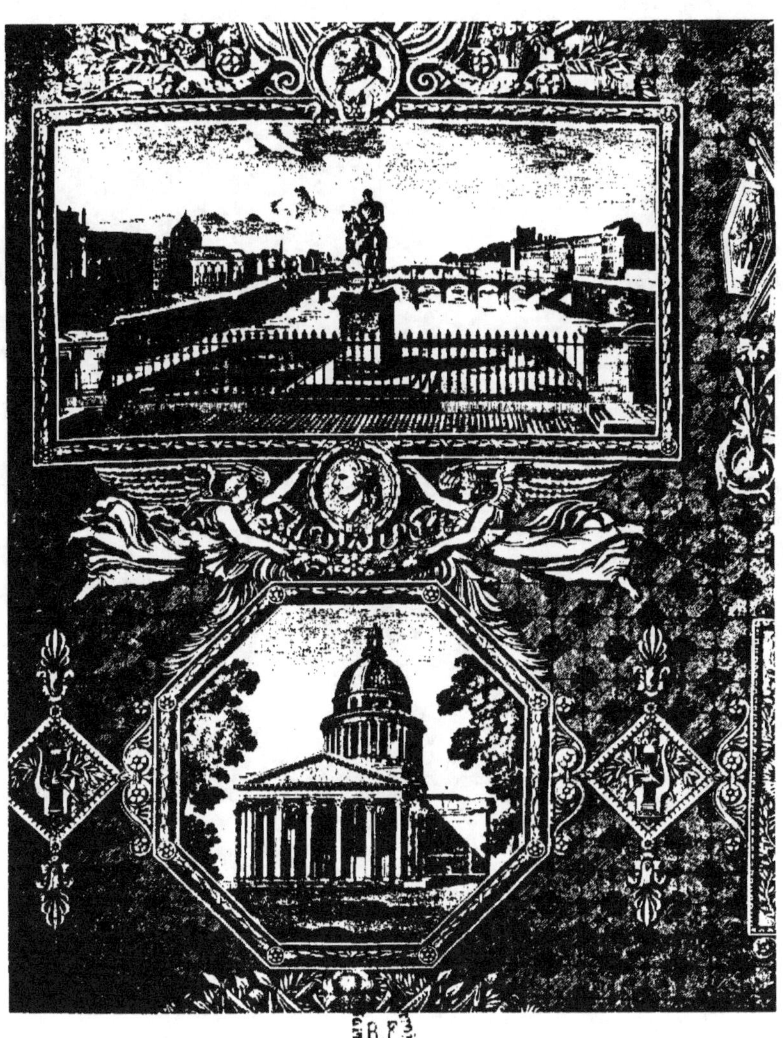

JOUY. — Les Monuments de Paris, dessin de H. Lebas, 1818.
(Bibl. Forney).

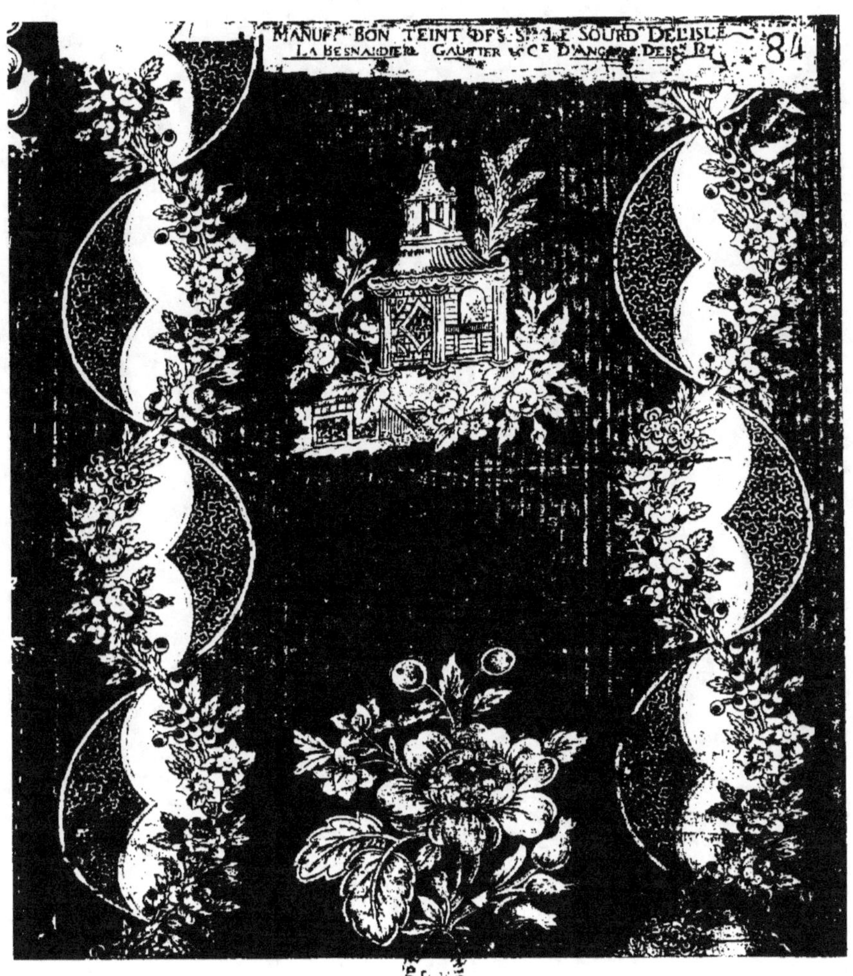

ANGERS. — Dessin de meuble.
Manufacture Le Sourd Delisle, la Besnardière et Gautier.
(Courtesy of miss Frances Morris).

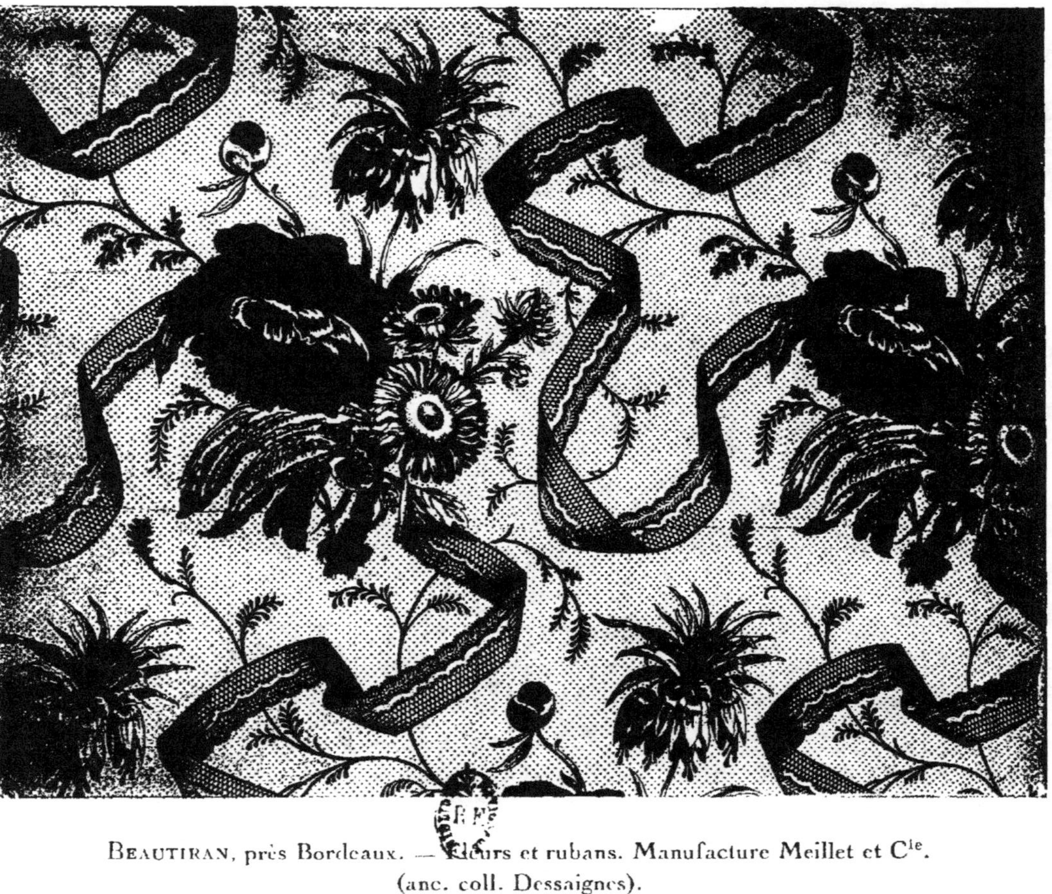

Beautiran, près Bordeaux. — Fleurs et rubans. Manufacture Meillet et Cie.
(anc. coll. Dessaignes).

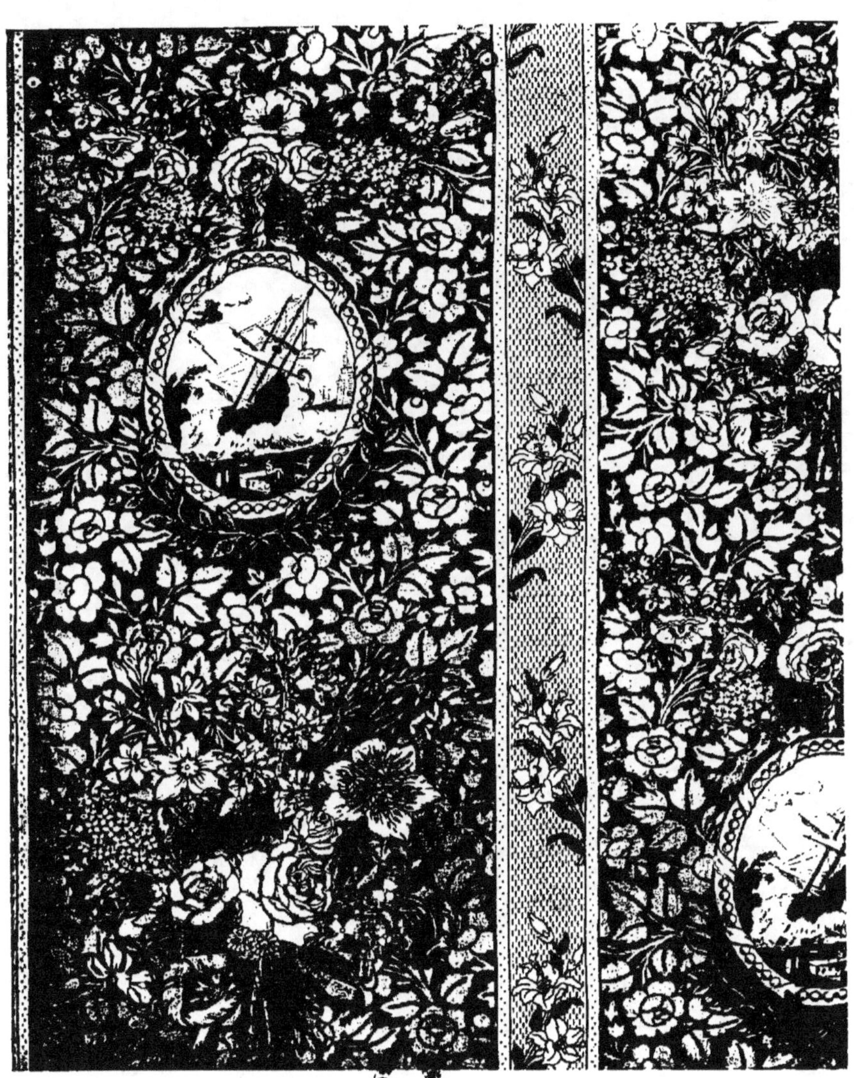

MELUN. — Fleurs et Médaillons. Manufacture de Perrenod.
(Société industrielle de Mulhouse).

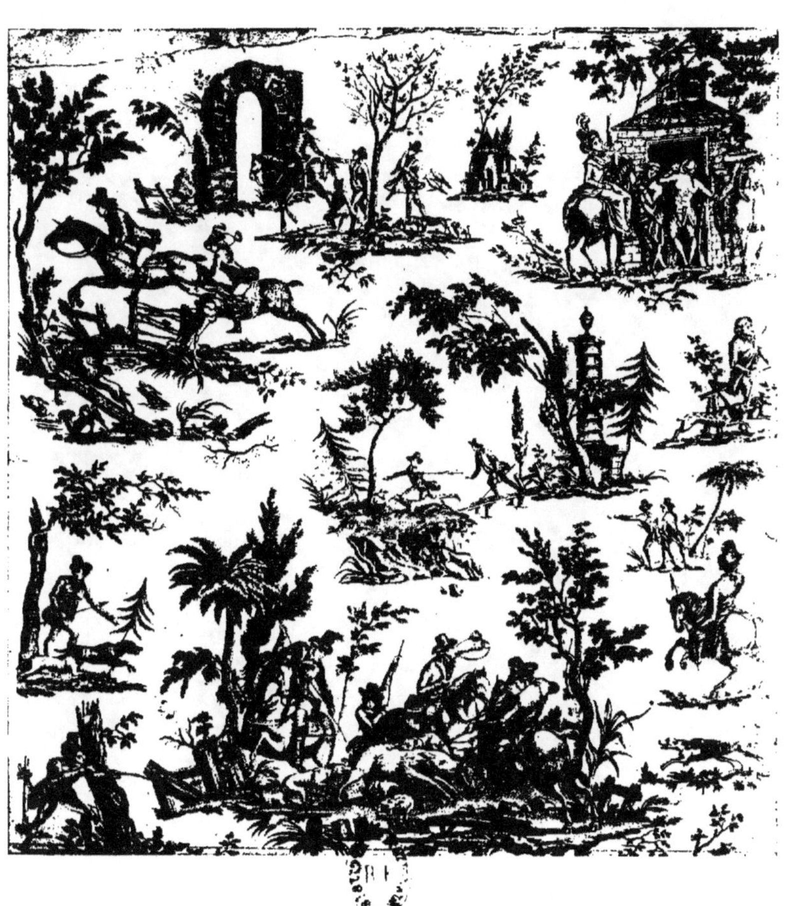

MONTPELLIER. — La Chasse au sanglier.
Manufacture Lafosse, Lionnet et Médard. (Musée de Montpellier).

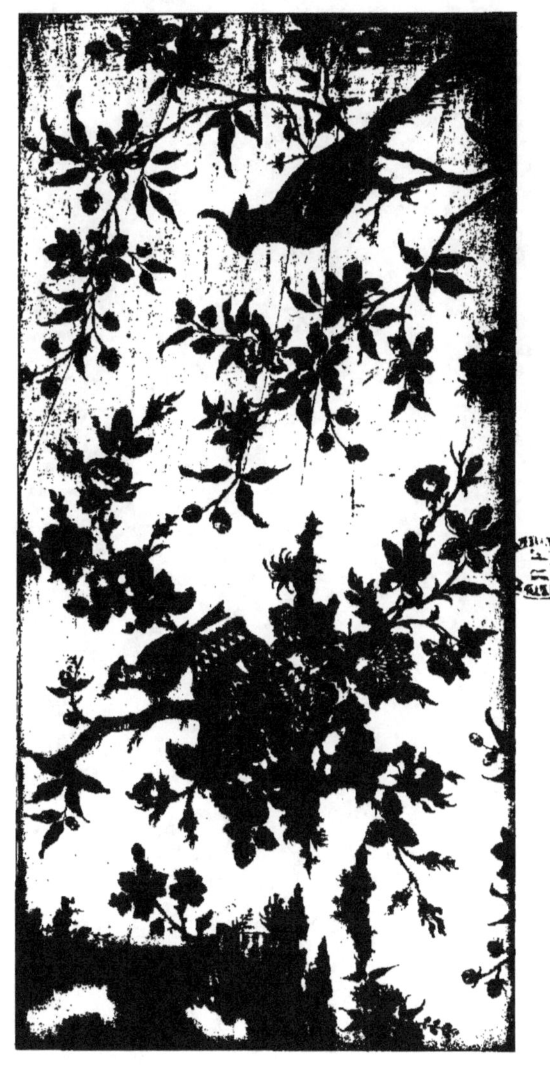

MULHOUSE. — Fleurs et oiseaux. (Société industrielle de Mulhouse)

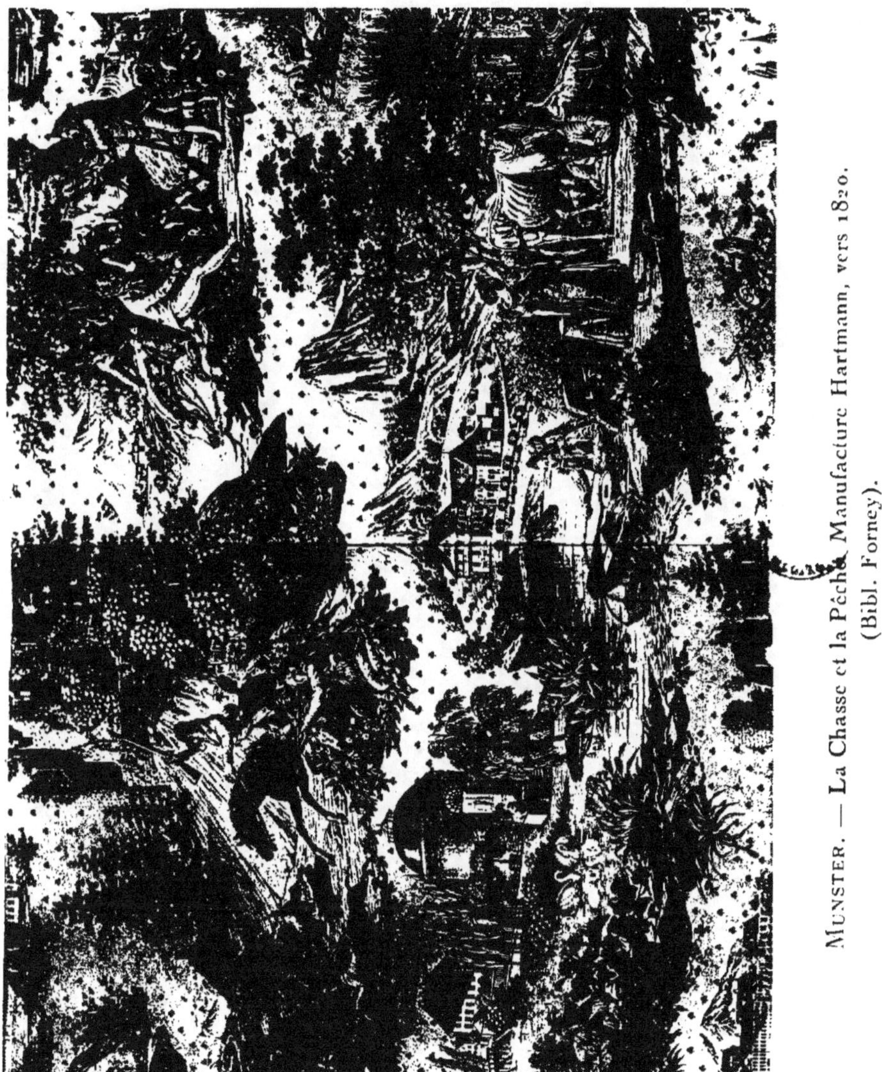

Munster. — La Chasse et la Pêche. Manufacture Hartmann, vers 1820.
(Bibl. Forney).

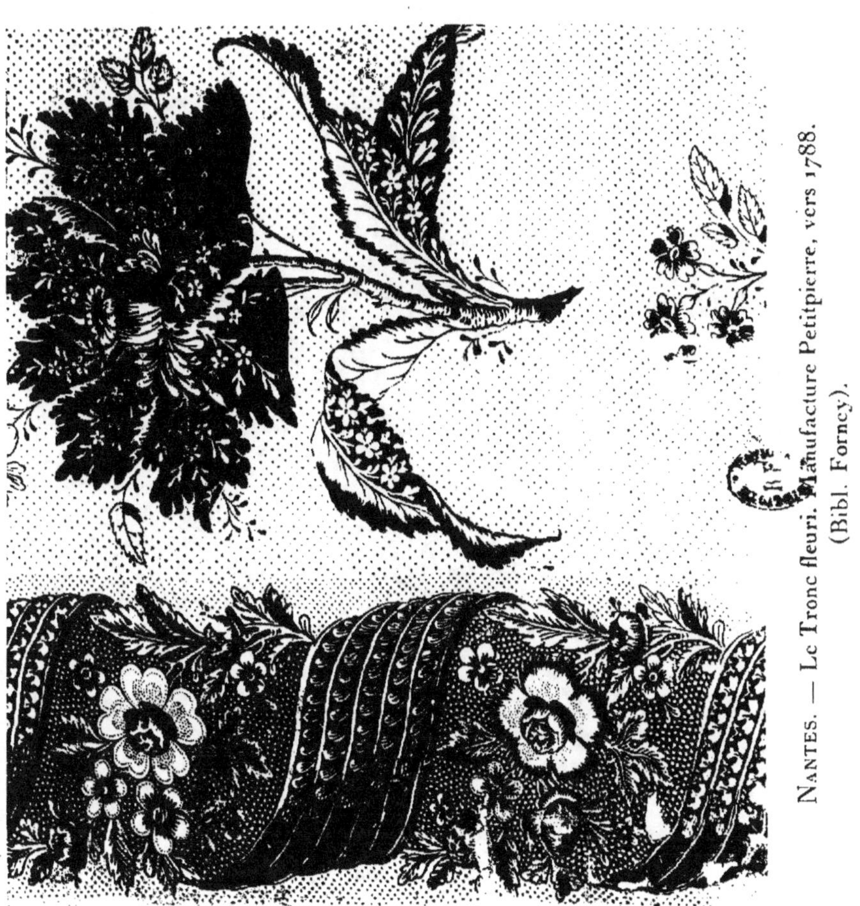

NANTES. — Le Tronc fleuri. Manufacture Petitpierre, vers 1788.
(Bibl. Forney).

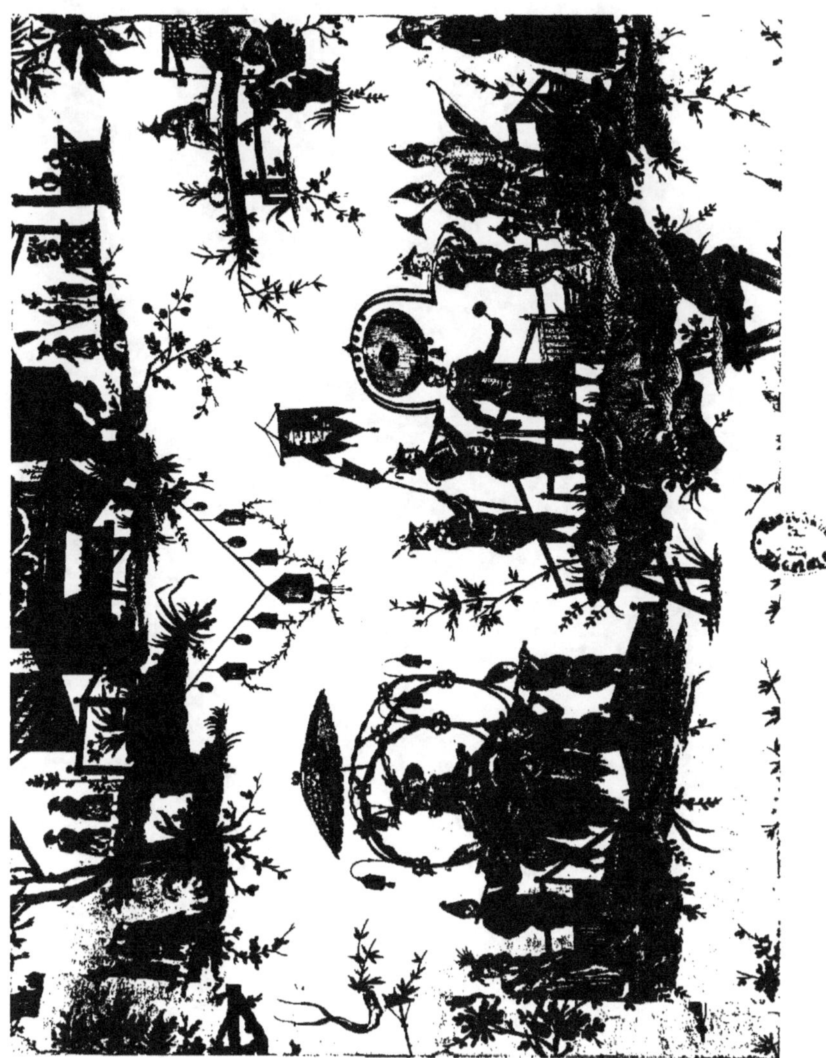

NANTES. — Panurge dans l'Île des Lanternes, 1786. Manufacture de Petitpierre et Cⁱᵉ.
(Bibl. Forney).

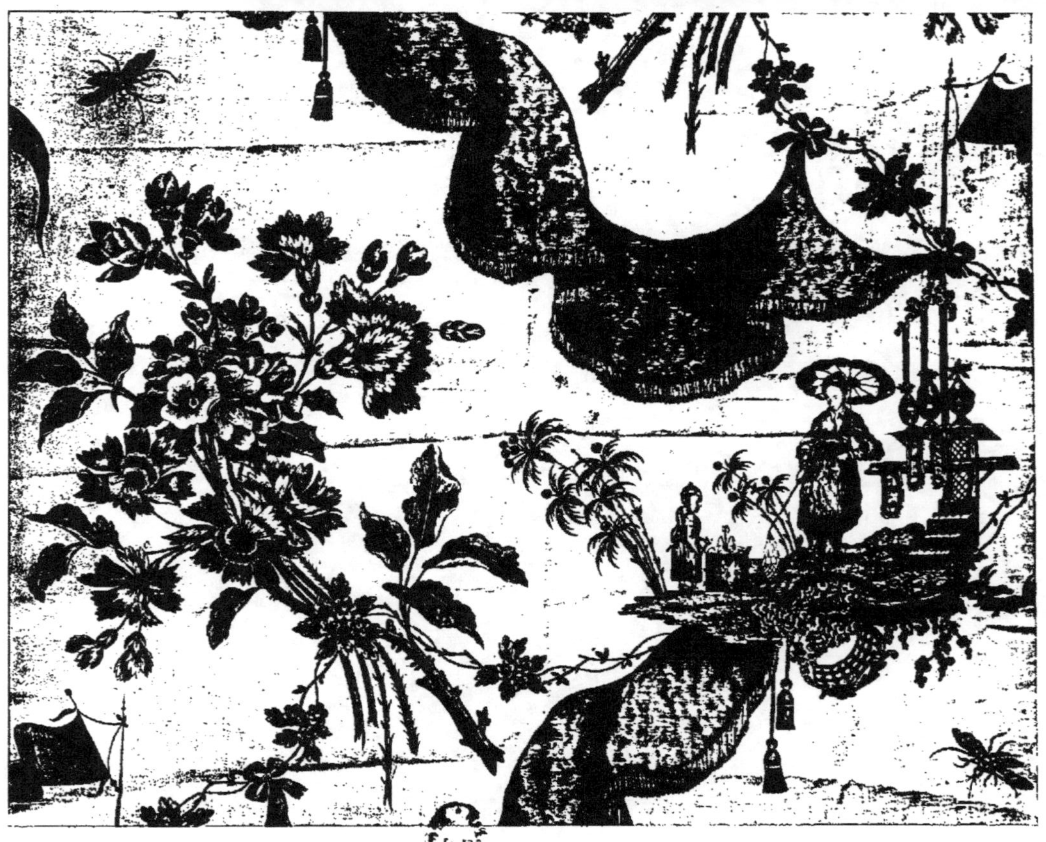

Nantes. — La Draperie. Manufacture Petitpierre et Cie, vers 1785.
(Bibl. Forney).

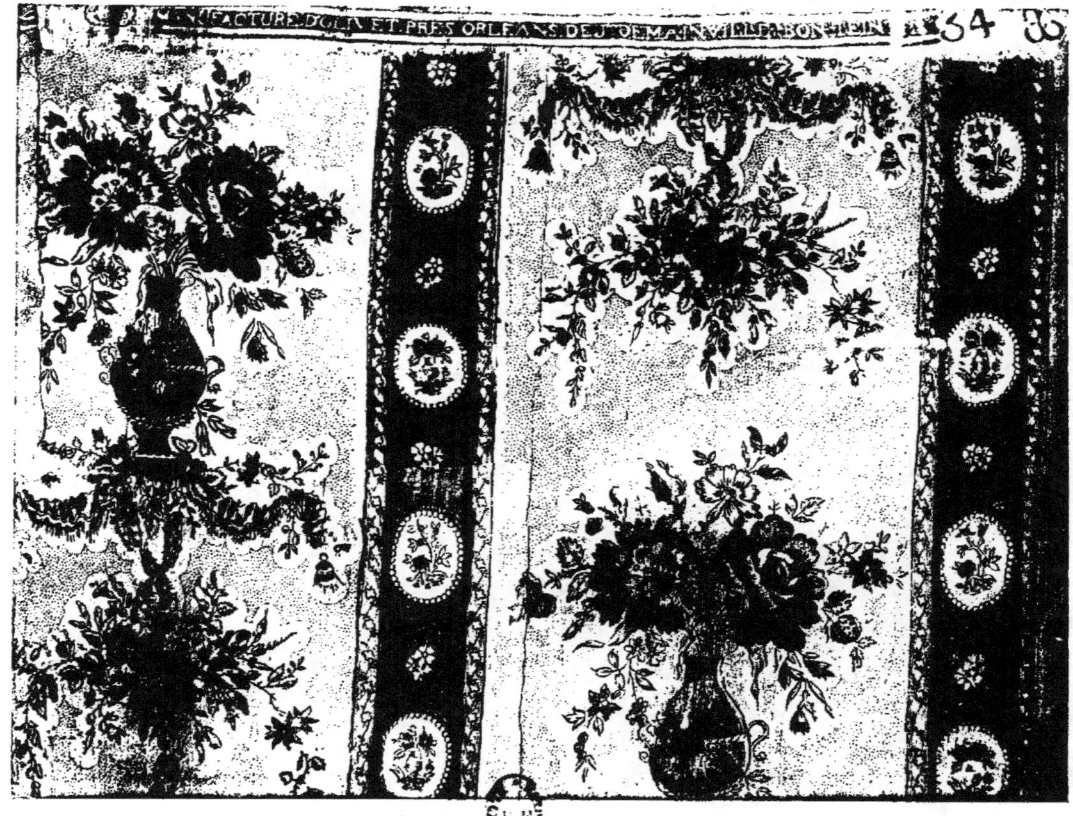

Olivet, près Orléans. — Le Vase de fleurs. Manufacture Jacque de Mainville.
(Musée historique de l'Orléanais).

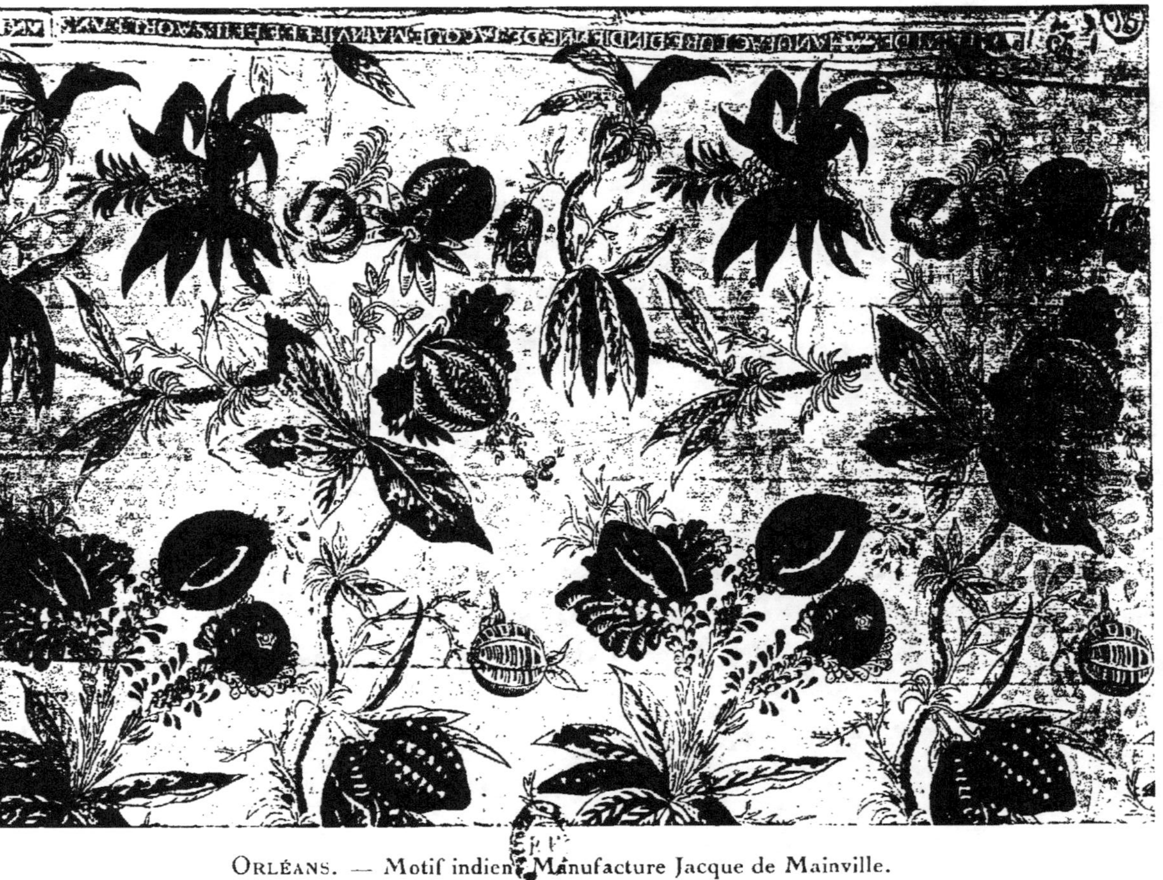

ORLÉANS. — Motif indien. Manufacture Jacque de Mainville.
(Musée historique de l'Orléanais).

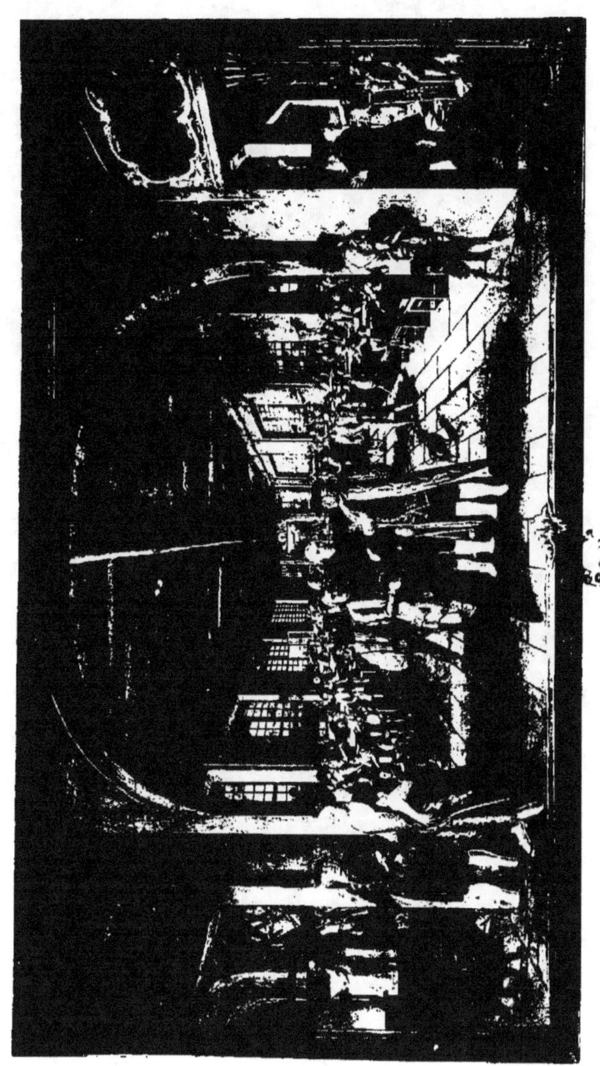

ORANGE. — Atelier d'impression de la manufacture Wetter et Cie, peinture murale par J.-G.-M. Rosseti, 1764.

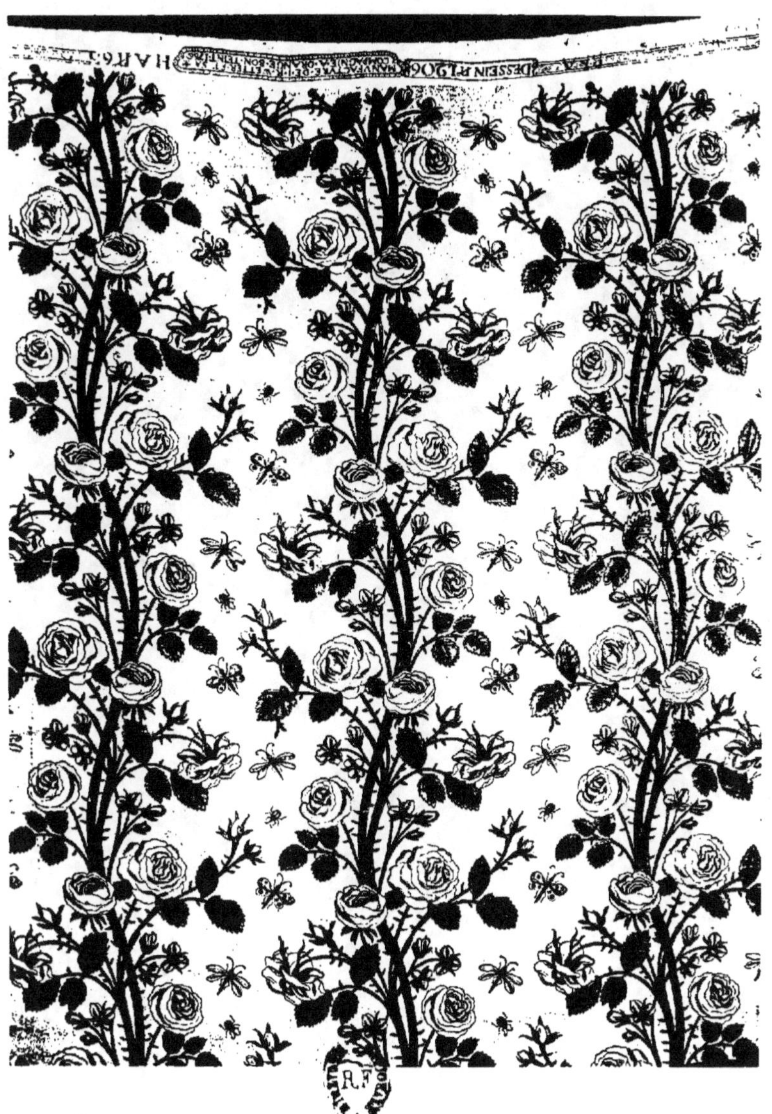

ORANGE. — Les Roses. Manufacture Wetter et Cie, 1766.
(Courtesy of miss Frances Morris).

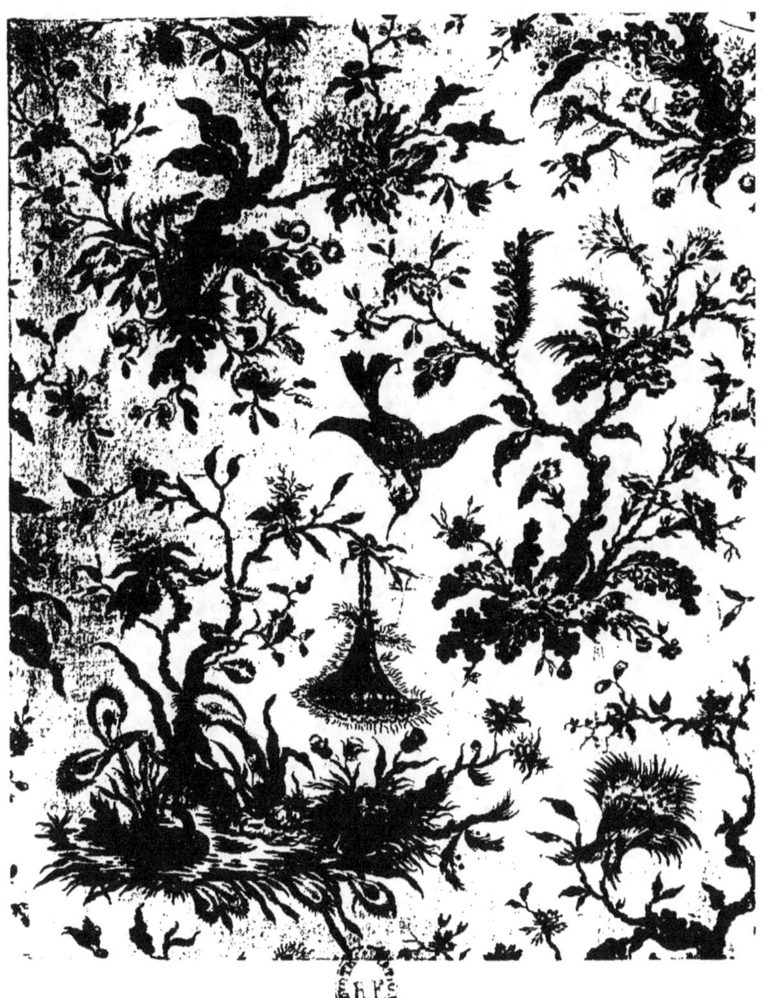

WESSERLING. — Fleurs idéales genre Pillement.
(Société industrielle de Mulhouse).